笃行华文·专业汉语系列

许文果　主编

教育学简明教程

暨南大学出版社
JINAN UNIVERSITY PRESS

中国·广州

图书在版编目（CIP）数据

教育学简明教程/许文果主编. —广州：暨南大学出版社，2020. 5
（笃行华文·专业汉语系列）
ISBN 978－7－5668－2832－3

Ⅰ. ①教…　Ⅱ. ①许…　Ⅲ. ①教育学—教材　Ⅳ. ①G40

中国版本图书馆 CIP 数据核字（2019）第 286072 号

教育学简明教程

JIAOYUXUE JIANMING JIAOCHENG

主　编：许文果

出 版 人：张晋升
策划编辑：杜小陆
责任编辑：王莎莎
责任校对：刘舜怡　林玉翠
责任印制：汤慧君　周一丹

出版发行：暨南大学出版社（510630）
电　　话：总编室（8620）85221601
　　　　　营销部（8620）85225284　85228291　85228292　85226712
传　　真：（8620）85221583（办公室）　85223774（营销部）
网　　址：http：//www. jnupress. com
排　　版：广州良弓广告有限公司
印　　刷：广东新华印刷有限公司南海分公司
开　　本：787mm×960mm　1/16
印　　张：13
字　　数：260 千
版　　次：2020 年 5 月第 1 版
印　　次：2020 年 5 月第 1 次
定　　价：59. 80 元

前　言

2005年4月，暨南大学设置了经教育部批准的中国第一个华文教育专业，主要为海外培养能从事华文教学和学校教学管理、汉语应用等方面工作的复合型人才。专业课程主要分为教育学、语言学和文化文学三大类。其中，教育学原理是教育学类课程中的核心必修课程。专业成立初期，我们采用国内的《教育学原理》或《教育学》教材，结果发现在教学过程中困难重重，学生普遍反映教材"内容多、很难、太复杂"，而且有些内容不适合有不同文化背景的留学生。在这种困境下，教育学原理课程教学团队开始自编讲义，经过近年的实践和不断修订，逐渐形成了面向华文教育专业学生的《教育学简明教程》。

本教材着重分析了教育学的九大问题：教育和教育学的概念及发展，教师与学生，教育功能，学生心理素质及其培养，课程，教学流派及教学设计，教学原则、方法和艺术，班级管理，教育科学研究方法。该教材的特色主要体现在：

（1）结合华文教育专业因材施教。

针对华文教育专业学生汉语水平参差不齐的情况，该教材以中等汉语水平的学生为主要对象。同时以"案例导入"部分帮助低水平学生理解课程内容，以"拓展阅读"部分帮助高水平学生进一步提升，从而促进各水平层次的学生共同发展。

（2）启发式教学。

教材的每一章节把"思考与讨论""思考与分享""行动与思考"等贯穿其中，引导学生"在思考中学习""在做中学习"，以此提升学生思考问题、分析问题、解决问题的能力。

（3）理论联系实际和案例教学。

教材内容与华文教育专业紧密挂钩，采用大量简单易懂的案例，增强教学趣味性和真实性，激发学生学习兴趣。

（4）课语整合式教学。

华文教育专业的留学生实际上是把汉语当作外语或者第二语言来学习并且利用汉语去学习语言之外的专业课程，最终目的是实现课目（教学内容）和语言的综合发展。该教材比较明显地突出这一理念，注重学生对教材文本的阅读、理解和表达，在教学过程中，不仅促进学生教育学专业知识的发展，还进一步促进学生听、说、读、写等汉语能力的发展。

（5）实现广义教育学与华文教育专业的统一。

该教材不是公共教育学意义上的教育学，而是在勾勒教育学基本知识的基础上突出华文教育的特点。它的目的首先是促进学生形成关于教育学的基本认知结构，然后将之与华文教育结合起来。

（6）教材内容力求简明扼要。

教材内容虽博采众长，但大多采取直接定义概念、简述理论内容等方式，尽量避免论证过程，以免留学生越学越复杂。即有定论的采用定论，无定论的只采用最合适的一家或一派之言。同时，教材中的“思考与分享”要求学生自己去查找其他观点或者通过每章后面的“拓展阅读”了解其他各派的观点。

（7）力求反映教育学最新研究成果。

教材中大量引用国内外文献，特别是采用学术界最新的研究成果，使教育学与时俱进，满足学生的新需求。

本书由许文果主编。全书工作计划和编写提纲由许文果拟定，各章的撰稿人分别为：第一、三、四、六、八章，许文果（暨南大学）；第二章，喻忠恩（广东技术师范大学）；第五章，赵宁宁（北京师范大学）；第七章，张金桥（暨南大学）；第九章，唐燕儿（暨南大学）。

全书共九章，预设18个课时完成教学任务。授课教师在教学中可根据教学目标及学生实际情况自行选择教学内容，可采用课上教学和课下自学相结合的方式。课后作业可作为考试的重点内容。

教材中引用了大量论著，都在文中及文后作出注释或列出参考文献，但难免挂一漏万，在此特别加以说明并向它们的作者表示衷心的感谢！

本教材得到了2013年度暨南大学青年教材项目资助，也得到了暨南大学华文学院的出版资助，同时还获得了2019年广东省高等教育教学改革项目的资助。在此，谨向相关领导和职员表示诚挚的感谢！本教材的出版还得到了暨南大学出版社的大力支持，策划编辑精心把关了书稿并提出了宝贵建议，在此特致以由衷的谢忱！

限于编者学识，书中难免有不妥之处，敬请学界同行批评指正！

许文果

2020年3月

目　录

第一章　初步认识教育学

学习目标

1. 理解教育的概念，了解教育的历史发展进程及每段历史时期教育的基本特点；

2. 理解教育学的概念，了解教育学的历史发展进程，明确教育学研究的内容和目的；

3. 知道独立教育学和科学教育学建立的标志；

4. 理解教育的本质；

5. 能够阐述现代教育学与传统教育学的基本区别。

教学建议

1. 学习相关概念时，教师可以借助一些形象化的语言和教具来引导学生。比如展示一些相应的人物图片，简单讲述人物故事等，以激发学生兴趣。

2. 学习教育及教育学的历史发展过程时，教师可按照时间顺序，结合社会发展的特点展示相关案例并结合现代社会的相关情况来引导学生学习。

3. 学习教育本质时，教师可给出一些案例，引导学生对不同目的的教育进行对比，在此基础上，理解教育的本质。

4. 注重文本阅读及师生互动，在增长专业知识的同时提升汉语阅读能力及语言表达能力，在此基础上提升汉语思维能力。

5. 学有余力的同学，可以完成本章后面的“拓展阅读”。

案例导入

一颗纯洁的童心①

他是办公室里的常客，常常被老师狠狠地训斥。这时候的他像一只可怜的小鸡，缩着肩，满脸的眼泪和鼻涕。

有一次，他弯着腰伏在办公桌上补作业，头低得快触到作业本了。“坐下来写吧，这儿没有老师坐。”我指着他身边的空椅子说。他摇摇头，一两个小时，就那么弯着腰趴在桌上写字。我几次让他坐下来，可他始终没有。

下课时，他一个人站在教室的走廊里，靠着墙，看别的学生跳皮筋、扔沙包。

“这家伙笨得很，也不求上进，不用理他！”别的老师这么对我说，我也渐渐明白这句话的意思。比如说，在我的课上，只有他从不带音乐课本（后来才知道他把书弄丢了），也只有他始终不会吹竖笛（尽管我多次单独辅导）。有一天，我忍无可忍地把他推到音乐教室的角落里。下课了，别的学生跑出去玩了，他仍孤零零地站在那里，竟不敢走。时间一长，我对他渐渐失去了仅有的一点爱心和耐心，我再不会因为看见他被别的老师责骂、弯着腰写字而莫名伤感了。直到期中考试的前一天，我中午走进教室，学生们都在认真地复习，只有他的座位空着。我急忙出门去找他。这时候，我远远看到他正抱着粗大的纯净水桶，踉踉跄跄地过来了。我跑过去责问道：“干吗不让教工来换水？”他小脸涨红，像犯了错似的，小声说：“管……管老师，我看他很忙……”“吃过饭，不能搬这么重的东西，知道吗？”我一边说着，一边抱起水桶。天！好沉啊，不知道他是怎么从那么远的地方搬过来的。回到教室，他熟练地帮我装好水桶。“平时都是你换的水吗？”我问。“不是，有几次是看门的公公换的。”他低低地说。我的眼睛湿润了，只觉得眼前这个脏兮兮的孩子是那么可爱！

那天以后，每节音乐课上，我都把自己的书借给他，而他总是一副受宠若惊的样子。下课时，他会把书还给我，书崭新笔挺的，没有一个折角，看得出来他是多么小心、多么爱惜书。我想，每个孩子都是向善的，每个孩子都渴望得到关注。也许他永远达不到我们眼里的“优秀”，但只要给他尊重和信任，他也会和别的孩子一样快乐地成长。

思考：你会如何看待这个孩子？如果你是老师，你会怎么做？

---

① 魏薇，等．中外教育经典案例评析［M］．济南：山东人民出版社，2005：10－11．

教育真像很多人所认为的那样吗？即按照教育者的期望让受教育者得到相应的变化吗？上面案例中的小男孩儿，如果他没有变成老师所期望的样子，结果又会如何呢？

在这一章里，我们将阐述教育的基本概念与发展历程，说明教育的本质，介绍教育学的研究对象和研究任务，梳理教育学的发展历程。

第一节　教育概述

教育是人类特有的培养人的社会活动。它随着人类社会的产生而产生，也随着人类社会的发展而发展。从古代社会到现代社会，不同历史阶段的教育具有不同的历史特征。

一、如何理解教育

（一）从“词源”看教育

日常生活中，教育无处不在。从场所上来看，有家庭教育、学校教育、社会教育；从时代来看，有传统教育、现代教育；从对象来看，有儿童教育、成人教育；从受教育者实际水平来看，有初等教育、中等教育、高等教育；从教育内容来看，有品德教育、劳动教育、科技教育等。同时，与“教育”含义相近的教学、教导等词语也常常出现在人们的生活和言语之中。由于使用者的动机、背景和学识不同，他们对“教育”的理解也有不同。为说明这一点，我们先从“词源”上来看“教育”。

1. 从中国甲骨文中“教”和“育”的含义来理解“教育”

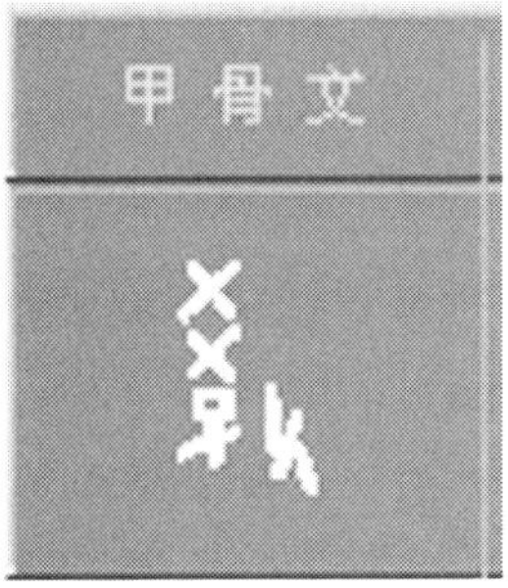

甲骨文“教”字

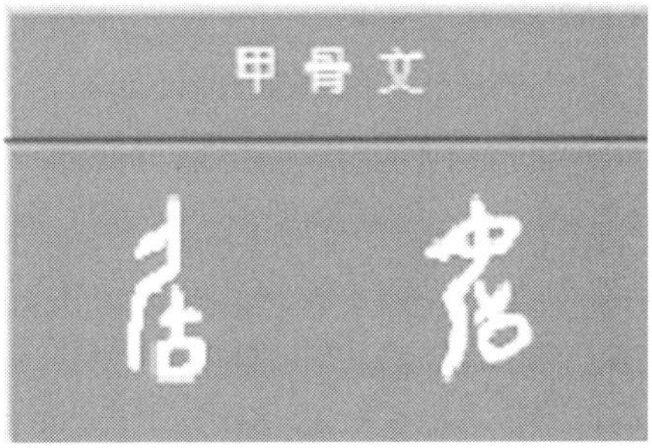

甲骨文“育”字

“教”，甲骨文为，表示“算筹”，表示“孩童”，表示“手持鞭子、棍杖”，意思是“体罚学子”。造字本义：用体罚手段训导孩子作算术。[①]

“育”，甲骨文为，表示“人”，即倒写的“子”，表示“出生的婴儿”。造字本义：孕妇生子。后来，甲骨文以“女”（）代替“人”（），明确“孕妇生子”的本义。[②]

思考：看了甲骨文中的“教”和“育”的基本含义，你认为在中国那个时代的教育过程中，教师和学生的地位以及关系如何？

在中国先秦时代，人们常常只用一个“教”字来表述跟教育有关的问题。中国最早连用“教”“育”二字的是战国时期的孟子，他说“得天下英才而教育之，三乐也”[③]。也有学者认为，“教”和“育”连用最早出现在《尚书·尧典》中，自孟子以后，中国的书籍中除引用孟子的“得天下英才而教育之，三乐也”这句话时用到“教育”之外，很少有“教育”的提法。直到进入20世纪，“教育”才作为一个词被广泛使用。[④]

2. 从古希腊（Ancient Greece）的情况来看教育

在希腊语中，“教育”一词与“教仆”相关。教仆是对陪送奴隶主子弟上学的奴隶的专门称呼。英语、法语、德语中的“教育”一词，都来源于拉丁语“Educatus”。“E”在拉丁语中有“出”的意思，拉丁语中的“教育”一词便含有“引出”的意思。教育活动，即含有把受教育者内在的能力、知识、美德等引导出来的意思。[⑤]

思考：单从以上内容来看，中国先秦时代的“教育”与古希腊的“教育”有什么不同？

（二）教育的概念

教育有广义和狭义之分。

---

① 象形字典网，http://www.vividict.com/WordInfo.aspx?id=1608.

② 象形字典网，http://www.vividict.com/WordInfo.aspx?id=1644.

③ 出自《孟子·尽心章句上》。

④ 陈桂生. 学校教育原理［M］. 长沙：湖南教育出版社，2000：87-93.

⑤ Merriam-Webster Dictionary，Digital Version 3.0. Merriam-Webster Incorporated，2003. 转引自：肖川，胡乐乐. “教育”概念的词源考古与现代研究［J］. 大学教育科学，2010（3）：5.

1. 广义的教育

广义的教育是指人类有意识地以影响人的身心发展为直接目标的社会活动。① 它包括家庭教育、社会教育和学校教育。

2. 狭义的教育

狭义的教育是通过专门机构进行的，主要是指学校教育。即，教育者根据一定的目的，有系统、有计划、有组织地对受教育者施加影响的社会活动。② 学校教育具有显著的特点：第一，学校教育目的明确；第二，有专门的教育机构；第三，有专门的教育者；第四，教育内容经过精心设计。

思考与讨论：用自己的话说说什么是教育。

二、教育的发展历程

按照时间顺序，教育可分为原始社会的教育、古代社会的教育、近现代社会的教育三个发展阶段。

（一）原始社会的教育

1. 教育具有原始性

教育完全在社会生产生活中进行，没有专门的机构，更没有专职的教师，教育内容一般都是一些生活经验，教育方法也比较单一。

2. 教育具有宗教性

原始社会的教育与宗教紧密联系，宗教活动中有教育，教育在宗教中进行。比如，祭祀祖先、图腾崇拜等，这本身就可传递生产生活经验，约束人的行为。

3. 教育具有平等性

教育对象没有等级区分，教育是平等的、普及的，所有儿童基本上都接受同等的教育。

（二）古代社会的教育

我们把使用手工工具进行劳动的社会叫古代社会，包括奴隶社会和封建社会两个时期。

---

① 叶澜．教育概论［M］．北京：人民教育出版社，1999：8.

② 叶瑞祥，沈晓良．教育学［M］．广州：广东高等教育出版社，2000：1；章荣庆，吕福松．教育学［M］．武汉：武汉大学出版社，2003：28；张乐天．教育学［M］．2版．北京：高等教育出版社，2012：2.

1. 出现了专门的教育机构和教育者

古代社会，出现了专门的教育机构——学校，相应地出现了专门的教育者。

人们普遍认为，最早的学校出现在公元前2500年左右的埃及（Egypt）。也有人认为最早的学校出现在公元前3500年的巴比伦（Babylon）①。

在中国，早在夏（Xia dynasty，约公元前2070—前1600年）、商（Shang dynasty，约公元前17世纪—约前11世纪）、周（Zhou dynasty，公元前11世纪中期—前256年）时代，学校教育就已经存在。中国第一部教育学专著——《礼记·学记》说："古之教者，家有塾，党有庠，术有序，国有学。"意思是说，古代（指夏、商、周）设学施教，每25家的"间"设有学校叫"塾"，每一"党"（"间"之上的单位）有自己的学校叫"庠"，每一"术"（"党"之上的单位）有自己的学校叫"序"，在天子或者诸侯的国都设有大学。到了西周时期，中国的学校教育制度已经比较完备。

在古希腊，教育以斯巴达（Sparta）教育和雅典（Athens）教育为代表。斯巴达教育注重军事体育训练。儿童7岁前在家中受教育，7到18岁进入国家的教育机构，开始军营生活。雅典男孩7岁开始上文法学校和音乐学校，到12、13岁，除了继续在文法学校和音乐学校学习，还需进入体操学校学习。到了15、16岁，少数贵族子弟可以进入国家主办的体育馆学习。

在古罗马（Ancient Rome），学校有初级学校、文法学校和修辞学校，已经开始有分科教学，比如修辞学校以培养演说家、雄辩家为主要目的，开设有修辞学、哲学、法律学、希腊语、数学、天文学和音乐等科目。②

2. 学校教育具有等级性

古代教育在教育权、受教育权、教育目的、教育内容等方面都具有明显的等级性。中国的夏、商、西周时期，"学在官府"，政府的官吏控制着教育大权。古代埃及、巴比伦、印度（India）等国家的宫廷学校，专供王子或大臣子弟就学。古希腊斯巴达和雅典的学校也是专为贵族阶层而设置。到了封建社会，教育的等级性更强。比如，中国唐代（Tang dynasty，公元618年—907年），当时的中央官学称为"六学二馆"。六学是国子学，收文武三品以上官员的子孙入学；太学，收文武五品以上官员的子孙入学；四门学，收文武七品以上官员的子孙入学；律学、书学和算学，收八品以上官员的子孙和精通律学或书学、算学的庶族地主的子弟入学。二馆是弘文馆和崇文馆，专收皇帝、皇后的近亲及宰相大臣的子弟。唐代的地方官学，由于名额有限制，导致只有地方官吏和富豪地主的子弟才有入学的机会，广大的农民和手工业者的

---

① 郑殿华，李保华．西方文明的摇篮：古巴比伦［M］．北京：新世界出版社，2012：89.

② 张乐天．教育学［M］．2版．北京：高等教育出版社，2012：3－5.

子弟没有资格进入。欧洲中世纪（Middle Ages，约公元476年—1453年）时期，教会学校和骑士学校，也具有鲜明的等级性。①

3．学校教育具有专制性

古代教育具有明显的专制性。教育过程是管制与被管制、灌输与被灌输的过程，教育内容的威严通过教师、牧师的威严，通过招生、教学纪律的威严予以保证。② 教育方法、学习方法死板。在教育过程中，受教育者要绝对服从，教育者的权威不可冒犯。

4．学校教育不太关注生产劳动

学校教育重视道德、宗教等内容，自然科学教育处于次要地位。比如，中国古代，人们普遍认同“劳心者治人，劳力者治于人”。教育内容主要是学习统治者的礼仪、兵法等治人之术，而如何种庄稼、各种手工技艺等受到轻视。

（三）近现代社会的教育

14世纪欧洲开始的文艺复兴运动（Renaissance）反对神权统治，提倡个性解放，倡导科学理性，倡导社会平等与友爱，重视现实生活。文艺复兴时期兴起的人文主义教育成为近代教育的先声。

1640—1688年英国进行的资产阶级革命取得胜利，使得人类社会由专制转向民主。之后，科学革命、技术革命的相继发生，引起社会制度、思想观念和人类生存方式的巨大变化，也引起教育的巨大变化。

第二次世界大战后，世界政治、经济格局发生了很大变化，特别是20世纪50年代之后，世界现代化、科学技术的发展步伐大大加快。现代化发展中的科技竞争本质上是人才的竞争、教育的竞争，教育成为现代化发展的重要基石。在向现代化行进的过程中，无论是发达国家还是发展中国家，几乎都把教育作为促进国家发展的重中之重。20世纪中叶以来，世界教育在数量上、规模上均有空前发展，教育制度、教育结构、教育内容、教育形式等均发生了深刻的变化。

从总体上来看，近现代教育一脉相承，呈现以下特点和趋势③：

1．教育得到不断普及

面向全体公民、培养具有相应素质的劳动者成为现代社会对教育提出的必然要求。各个国家都不断提高普及义务教育的程度和水平，扩大教育对象，而且把普及教育的程度作为现代社会发达与否的标志。

---

① 郭洋波，秦玉峰．教育学［M］．北京：人民出版社，2013：25.

② 张军，杨三成．中学教育理论基础［M］．北京：首都师范大学出版社，2009：7.

③ 靳玉乐．教育概论［M］．重庆：重庆出版社，2006：21－23.

2. 教育密切联系社会

现代社会，一方面，社会政治、经济、文化意识的变化引起教育的变革；另一方面，教育通过向社会提供人才支持、科技服务，使教育成为社会发展的重要推动力。

3. 教育内容走向综合

近现代社会的发展需要精通某个领域的专门人才，也越来越需要具有综合素质的全面发展的人才，这就使得现代教育的内容逐渐走向综合。教育注重自然科学和社会科学的融合，在学科设置上也注意交叉学科的设置，等等。

4. 教育形式多样化

学校教育远远不能满足当今社会各行各业成员的学习需求，因此，教育形式越来越多样化。除了学校教育，还有家庭教育、社会教育；有面授教育，还有函授教育；有普通大学的教育，还有电视大学、自学考试大学的教育等；有直接面授的教育，还有网络远程教育等。特别是近年来网络在线课程的盛行，使得教育无处不在，无时不有。

5. 教育手段现代化

传统的教育手段基本上是黑板和粉笔。随着近现代科技的迅猛发展，教育手段走向现代化。幻灯机、录像机、电视机、电影机、VCD、DVD、计算机等进入课堂。20世纪90年代起，计算机技术迅速发展和普及，多媒体计算机已经逐步取代了以往的多种教学媒体的综合使用地位。我们通常所说的多媒体教学就是特指运用多媒体计算机并借助于预先制作的多媒体教学软件来开展的教学活动，即计算机辅助教学（computer assisted instruction，CAI）。

6. 教育重视立法

工业革命的兴起与发展对国家公共教育的发展提出了新要求。随着大生产的发展，科学技术成为重要生产力，教育也因此成为大工业生产的必要条件。教育事务在国家事务中的地位得到认可与确立。19世纪以后，欧洲工业化国家相继建立了公共教育系统，普遍加强了对教育的监督与管理。

进入近代社会以后，欧美早期工业化国家率先建立义务教育制度，实施初等义务教育。1870年英国颁布《初等教育法》。该法第5条规定，每个学区都应在公立学校为本学区的所有儿童提供教育；第74条授权学校委员会制定地方法规，强制5至13岁儿童入学。1880年又颁布教育法令，规定5至10岁为义务教育年限。① 随后义务教育的年限不断延长。美国于19世纪中叶开始推进普及初等义务教育。19世纪中叶以

① http：//www. pep. com. cn/czls/xs/lszs/201008/t20100827_807606. htm，2019－03－02.

后，世界工业革命、科技革命处在新的发展时期，越来越多的国家建立起义务教育制度。

2005 年 12 月，中华人民共和国国务院下发了《关于深化农村义务教育经费保障机制改革的通知》，逐步将农村义务教育全面纳入公共财政保障范围，建立中央和地方分项目、按比例分担的农村义务教育经费保障新机制，这为义务教育立法打下良好的基础。2006 年 9 月 1 日起开始实施新的《义务教育法》。新修订的《义务教育法》中最终明确规定："国家将义务教育全面纳入财政保障范围，义务教育经费由国务院和地方各级人民政府依照本法规定予以保障。"国家在全国范围内实现了九年义务教育的普及。随着社会经济的发展，将高中教育或者学前教育纳入义务教育范围之内，从而推行十二年义务教育已具备了现实条件，中国已经有个别地区试行了这一措施，但主要还集中在沿海等发达地区，并没有大范围普及。

7. 教育呈现终身化

20 世纪 60 年代之后，终身教育思潮成为一种重要教育思潮，对世界现代教育的发展产生强烈影响。终身教育不仅成为一种教育理念，也成为世界各国努力践行的教育行动。终身教育制度获得普遍认可，并且导引着世界教育制度的深入变革。从时间上看，现代教育不仅指儿童教育、青少年教育，同时包含成人教育、老年教育；从空间上看，现代教育不仅指学校教育，也包含家庭教育、社会教育以及在其他不同场所中发生的教育；从教育形式上看，现代教育不仅包括职前教育、在职教育，也包括服务于人类生活的其他种种教育，如闲暇教育。终身教育体系的建立，正在使人类的教育与人类生活形成多方面、更紧密的联系。

8. 教育重视交流与合作

在国际范围内，现代教育已呈现明显的国际化趋向。各国的教育交流、学术交流日益广泛，互派留学生、互派访问学者的现象日益普遍。与此同时，各国教育制度都在朝着有利于国家交流和合作的方向发展。

9. 教育重视科学研究

教育越来越重视科学研究的重要性，通过科学研究，探讨教育发展规律。遵循规律办教育成为现代教育发展的重要理念。

三、教育的本质

教育的本质，即教育是什么，被普遍视为教育学的第一问题。本质是指事物固有的、一般的、相对稳定的内部联系。弄清楚教育的本质，学习者就可据此把非教育、伪教育与教育区别开来；教育实践者也可据此对自己或他人的教育行为进行监控和评价。[①] 教育形式多种多样，为什么它们都被称为“教育”，那是因为它们有着某种共同的属性，是教育之所以成为教育的最一般、最稳定的属性，这就是教育的本质属性。教育到底是什么，教育学界众说纷纭。但从各派的争论中可以看出以下共识：

（一）教育是人类特有的活动[②]

在动物界特别是在高等动物界，也存在着“教”与“学”，但人类的“教”和“学”与动物的此类行为有着本质区别。

1. 人类的教育是有意识的活动

动物和人类都会爱护和照顾后代。然而动物对后代的爱护和照顾只是一种本能需要，人类教育发生的基础却不只是本能的需要，还有人的主体性所意识到的个体需要或社会需要。人类的教育一开始就是建立在主体意识基础之上，不仅仅为了个体生存问题，更重要的是改造环境和发展自身的需要。

2. 人类的教育是系统传递知识、经验、技能和思想的活动

动物不能把经验概括成知识和技能等系统地传给下一代，而人类则是有语言、有意识的，能够把经验积累起来并将之变成丰富的知识、技能、思想体系等，有效地传给下一代。

总之，社会性和有意识是人和动物“教育”活动的本质区别。

（二）教育过程的根本矛盾是教育目标与受教育者实际发展水平之间的矛盾[③]

1. 教育目标与受教育者实际发展水平之间的矛盾影响着教育过程中其他要素之间的矛盾

教育过程牵涉到多方关系，比如教育者与受教育者之间的矛盾，教育内容与社会需要之间的矛盾，受教育者实际水平与教育内容之间的矛盾，教育者的教学能力与教育内容之间的矛盾，社会发展情况与教学手段之间的矛盾，等等。但这些矛盾归根结底都来自于教育过程的根本矛盾，即教育目标的要求与受教育者实际发展水平之间的差异所构成的矛盾。只要这个根本矛盾消失了，其他的矛盾也就随之消失。

2. 教育目标与受教育者实际发展水平之间的矛盾影响整个教育过程

教育目标与受教育者实际发展水平之间的矛盾影响着整个教育过程。在这一过程中所采取的一些措施都是为了缩小甚至消除这一矛盾所造成的差距。每当一个阶段的差距消除，这一阶段的教育过程就算完成，教育随之进入了新的阶段，并遇到新的矛

---

① 刘庆昌. 教育学的基本追求［J］. 山西大学学报（哲学社会科学版），2014（2）：77－78.

② 张光丽. 教育本质新论［M］. 呼和浩特：远方出版社，2005：3－5.

③ 洪宝书. 教育本质与规律［M］. 成都：成都科技大学出版社，1992：81－83.

盾。教育正是在不断解决这样的矛盾中得到发展。从另外的层面上看，教育目标反映了特定社会的需求，因此，这一矛盾实际上是社会发展需求与人的实际发展程度之间的矛盾。教育是解决这一矛盾的最好途径。

（三）教育以培养人作为直接目的

1. 教育的对象是“人”

教育与政治、经济、科学、文化、环境以及日常生活等各方面的联系，都是通过“人”产生和发展的。教育对社会的影响其实就是“人”对社会的影响。因此，人对社会的影响是积极还是消极取决于教育对人的影响是积极还是消极。人不是物，也不是动物，而是活生生的人。他有能动性、自觉性与社会性，他有思想、情感、态度、价值观等主体特征，他不是被动和消极的。作为教育者，必须把学生当成一个有血有肉有情感的人来对待，教育才有可能实现其培养人的终极目的。

2. 教育的过程是影响“人”

人不是工厂里的物品，物品通过工人们按照模型敲敲打打就可以完成。而在教育这个漫长的过程中，教育者必须针对人的心理和生理特点并遵循科学的方法，付出极大的耐心和爱心，教育才有可能达到“培养人”的目的。不然，不仅实现不了教育目的，还有可能对人造成不好的影响甚至是创伤。

3. 教育的结果是变成“人”

在工厂里，工人们生产出实实在在的物品，几乎都是可以看得到、摸得着的。设计者希望它是什么样子，工人们也一般都能把这个样子造出来，但作为教育对象的人却不一样。从外表来看，他在受教育之前是这个样子，受教育之后，还是这个样子，似乎看不出他有什么变化。而实际上，他的心理有可能已经发生了翻天覆地的改变。教育者对他的所有影响内化为他的内在素质，或者是知识技能，或者是思想情感，或者是价值观念，抑或是各个方面的改变和提升，这不像在工厂里那样生产出具体的、有形态结构的物。接受教育的人从无知到有知，从知之不多到博学多才，从自私冷漠到情感丰富，变成一个既提升了自己又对社会有益的高素质的人。

总之，教育是人类特有的实践活动，通过解决教育目标与受教育者实际发展水平之间的差距矛盾，促进人的身心健康发展，实现它“培养人”的直接目的和终极目的。尽管教育有为社会服务的一面，但离开了培养人本身，就不算是真正的教育。

第二节　教育学概述

教育学是在教育实践发展的基础上逐渐形成的一门学科。教育学有它特有的研究对象，并有其鲜明的学科特色。教育学的发展历经了萌芽期、独立发展期和多元化发展期。当代教育学又有了新的发展动向。

一、教育学的概念和任务

（一）教育学的概念

教育学是研究人类教育事实和教育问题，揭示教育规律的一门科学。

教育事实是指已经发生的或者正在进行的各种教育实践活动，包括各种形式、模式的教育活动，还包括教与学过程中的教育因素和教育行为。比如，学校教育制度、教学、课程等。

教育问题是指当教育实践积累到一定程度，与社会要求或者学习者要求不一致，被当成一个个问题提出来，要求给予解释或者回答时，就成了教育问题。比如，留学生在学习汉语的过程中感到汉字难写、语法难理解，学习时间长但汉语水平提高慢。又如，海外华文教学普遍存在着华文课时量少、学生兴趣不高等问题。这些问题需要人们去研究并解决。

规律是事物之间的内在的必然联系，决定着事物发展的必然趋向。教育规律是指教育内部各个因素之间、教育与其他事物之间的本质性的联系以及教育发展变化的必然趋势。

（二）教育学的任务

教育学的任务就是要研究教育事实和教育问题，揭示这些教育规律，从而指导教育实践。

二、教育学的发展历程

教育学变成真正的一门学科，变成学校里的一个专业、一门课，经历了一个漫长的发展过程。这一过程可分为三个时期，即萌芽期、独立发展期和多元化发展期。

（一）萌芽期

这一时期，人类对教育问题的认识还不够完善。一些比较零散的教育思想融合在哲学思想、政治思想中，还没有形成独立的教育思想形态。

中国古籍中聚集着古代贤人的教育思想。比如，《论语》充分展现了孔子的教育思想，孔子提倡“性相近、习相远”，提出“有教无类”“改过迁善”“因材施教”等教育主张。《孟子》则比较详细地描述了孟子的教育思想，孟子提倡教和学应该“深造自得”“盈科而进”“教亦多术”“专心致志”等。《中庸》把教育教学的过程和步骤系统地讲了出来：“博学之，审问之，慎思之，明辨之，笃行之。”《大学》提出“大学之道在明明德，在亲民，在止于至善”等。

其他国家的古代教育思想也很丰富。苏格拉底（Socrates）不仅是著名的哲学家，也是著名的教育家，他的“问答法”流传至今。柏拉图（Plato）、亚里士多德（Aristotle）等人的著作中也包含着丰富的教育思想，比如柏拉图的《理想国》、亚里士多德的《政治学》都比较明显地体现了他们的教育主张。

从上面可以看出，在这段时期，教育思想多与哲学思想、政治思想等融合在一起，并未形成独立的形态，所以这段时期被称为教育学的萌芽期。

（二）独立发展期

在教育学的萌芽期，教育思想与哲学思想、政治思想等融合在一起，很多含有教育思想的书籍并未以“教育学”的面目示人。

随着社会及近代自然科学的发展，教育学逐渐从哲学和政治学中分化出来。这一时期，开始出现具有比较完整理论体系的教育学专著。最著名的是捷克教育家夸美纽斯的《大教学论》（*Magna Didactica*）和德国教育家赫尔巴特的《普通教育学》（*Allgemeine Padagogik ausdem Zwe－ckder Erziehung*）。

夸美纽斯

扬·阿姆斯·夸美纽斯（Johann Amos Comenius，1592—1670），是三百多年前捷克著名教育理论家和实践家。他的教育理论代表作《大教学论》是近代第一部比较系统的教育学著作。《大教学论》的正文共有三十三章。其中第一至九章概述人生和教育的目的，教育在人的发展中的作用；第十至十四章说明改革旧教育的必要性与可能性，设立新学校的基本原理；第十五至十九章阐述教学理论，提出教与学的一般原则；第二十至二十五章分述各科教学法；第二十六章论学校纪律；第二十七至三十二章制定统一的学校制度以及各级学校的基本方案；最后一章叙述了实现教育理想应具备的条件。从此可以看出，《大教学论》阐述的内容非常广泛，涉及普通教育的各个方面，为近代教育学体系建立了一个基本的框架。① 学术界普遍认为，《大教学论》是教育学成为独立学科的标志。

寻求并找出一种教学的方法，使教员因此可以少教，但是学生可以多学；使学校因此可以少些喧嚣、厌恶和无益的劳苦，多具闲暇、快乐和坚实的进步；并使基督教的社会因此可以减少黑暗、烦恼、倾轧，增加光明、整饬、和平与宁静。

——《大教学论》第 2 页

赫尔巴特

约翰·弗里德里希·赫尔巴特（Johann Friedrich Herbart，1776—1841）是德国著名的教育家、心理学家和哲学家。他写的《普通教育学》被视为教育史上第一部具有科学体系的教育学著作。《普通教育学》全书共有三编。第一编“教育的一般目的”，主要论述了管理和教育的一般目的问题。第二编“兴趣的多方面性”，主要论述了学生学习兴趣的多方面性，并以此为理论基础阐述了学校的教学计划、学科设置以及教学等一系列问题。第三编“道德性格的力量”，主要论述了训育和道德性格的形成问题。赫尔巴特在书中提出的教学阶段理论对后世教学过程产生了深远影响。同时，他

① 夸美纽斯. 大教学论［M］. 傅任敢，译. 北京：人民教育出版社，1984：译文序 9.

是教育史上第一个把心理学作为理论基础来阐明教育学问题的教育家。他认为教育者的首要科学就是心理学。[①] 正因如此，学术界普遍认为，赫尔巴特的《普通教育学》是教育学成为科学的标志。

在兴趣中，一个人可以容易地去完成他的各种决定，而且使他觉得到处都很容易，并不会因为有其他要求而取消他的计划。

——《普通教育学》第 63 页

使听者仅仅处于被动状态，并强迫他痛苦地否认自己活动的一切方式，本身就是使人厌恶与感到受压抑的。

——《普通教育学》第 84 页

教师在必须确保正在进行的工作能顺利进行下去的范围内，可以给学生最大限度的自由，这种方式乃是最好的方式。

——《普通教育学》第 85 页

这一时期，除了夸美纽斯和赫尔巴特之外，英国的洛克（John Locke，1632—1704）、法国的卢梭（Jean－Jacques Rousseau，1712—1778）、德国的康德（Immanuel Kant，1724—1804）、瑞士的裴斯泰洛齐（Johan Heinrich Pestalozzi，1746—1827）、英国的斯宾塞（Herbert Spencer，1820—1903）等都写出了传世之作，对教育学理论和教育实践产生了深远影响。

（三）多元化发展期

1．教育学流派的纷纷出现与迅速发展

自 19 世纪末开始，教育学出现了很多派别。各种学派共同推动教育学的进一步发展。

（1）进步主义教育学。

进步主义教育学（progressivism on education）兴起于美国，代表人物是当时的哲学家与教育家杜威（John Dewey，1859—1952）。杜威的基本主张是“教育即生活”“教育即生长”“教育即经验的改造”。他反对传统教育“以成人为中心”“以课程为中心”“以课堂为中心”的做法，提出“以儿童为中心”“以活动为中心”“以经验为中心”，强调“从做中学”。杜威的这些主张在其代表作《民主主义与教育》中有详细的阐述。

① 赫尔巴特．普通教育学·教育学讲授纲要［M］．李其龙，译．杭州：浙江教育出版社，2002：前言 22．

（2）实验教育学。

实验教育学（experimental pedagogy）兴起于20世纪初，代表人物是德国的拉伊（Wilhelm August Lay，1862—1927）和梅伊曼（Emst Meumann，1862—1915）。二人曾于1905年创办了《实验教育学》杂志。

拉伊认为旧教育学只以教育者自己的观察及其他简单的观察为根据，其方法不全面，得出的结论缺乏普遍的价值，而且旧教育学在成人方面的研究，也不能说明儿童的现状。要纠正这些问题，就应该用科学的研究法，即实验法。① 实验教育学的研究分为三个阶段：一是就某一问题构成假设，二是根据这个假设进行实验，三是把结果应用在实际上。拉伊出版了《实验教育学》一书，对实验教育学进行了系统的论述。

（3）要素主义教育学。

要素主义教育学（essentialism pedagogy）有时候也被人们称作"新传统主义教育学"，因为它在很大程度上代表了传统教育思想。

要素主义教育是在20世纪30年代反对进步主义教育的过程中产生的。它认为进步主义教育过于强调学习者的兴趣、自由、目前需要、主动性，忽视努力、纪律、长远目标和教师主动性，完全摒弃了以学业成绩的严格标准作为升级的依据，严重降低了教育质量。它主张教育的终极目的是为了社会的稳定和发展，强调课程应该以学科为中心，教学过程中应该以教师为中心，强调教师的主动性，强调对学生进行心智训练，对学生最大的要求就是服从。②

20世纪对教育界产生重大影响的教育流派还有马克思主义教育学、分析教育学、存在主义教育学、精神科学教育学、批判教育学、永恒主义教育流派、结构主义教育流派、改造主义教育流派、后现代主义教育流派等，充分展示了教育学的多元化发展态势。

2. *教育学学科本身的发展*

下面以中国教育学为例来说明教育学学科本身的发展。

20世纪上半叶，中国教育学分支学科就已出现。教育哲学、教育社会学、教育心理学、教育伦理学、教育统计学、比较教育学、教育生物学、教育行政学等都有相关著作出现，并被列入大学教育系科的基本课程。③ 进入70年代末以后，教育学分化出一系列分支学科，如学前教育学、普通教育学、高等教育学、特殊教育学、职业教育学、语文教育、数学教育、化学教育等学科。汉语国际教育、华文教育等也是教育学的分支学科。

---

① 雷通群. 西洋教育通史［M］. 长春：吉林人民出版社，2013：397.

② 陆有铨. 躁动的百年：20世纪的教育历程［M］北京：北京大学出版社，2012：27－35.

③ 郑金洲. 改革开放30年的教育学研究［J］. 教育研究，2009（3）：27－28.

教育学还出现了很多诸如教育政治学、教育法学、教育人类学、教育生态学、教育文化学、教育伦理学、教育美学等新兴学科。[①] 同时，教育学的理论基础、研究方法都在走向多元化。

思考与作业

一、名词解释

1. 教育
2. 教育学

二、问答题

1. 古代社会的教育、近现代社会的教育分别有哪些特征?
2. 为什么说夸美纽斯的《大教学论》是教育学成为独立学科的标志?
3. 为什么说赫尔巴特的《普通教育学》是教育学成为科学的标志?
4. 进步主义教育学的基本主张是什么?
5. 实验教育学的基本主张是什么?
6. 要素主义教育学的基本主张是什么?
7. 教育学的发展体现在哪些方面?

反思与探究

请你自己查阅相关资料，看看教育学的发展近况如何？并说说你自己的看法。

拓展阅读

1. 赵燕，邢俊利．关于“教育概念”争议的回应［J］．现代教育科学，2011（5）：97－99.

2. 杨雅琴．西方教育史中教育概念的变迁［J］．太原师范学院学报（社会科学版），2013（1）：132－136.

以上两篇论文对中国以及国外“教育概念”的变迁及争议进行了比较详细的总结，对我们理解“教育”的概念以及了解相关教育历史的发展很有帮助。

① 郑金洲．改革开放30年的教育学研究［J］．教育研究，2009（3）：28.

第二章　教育功能

学习目标

1. 理解教育功能的基本概念；
2. 了解教育的正向功能、负向功能、显性功能、隐性功能；
3. 掌握教育的个体功能；
4. 掌握教育的社会功能；
5. 理解教育的负向功能及其表现。

教学建议

1. 教学重点是教育对个体及社会的正向功能，难点是教育负向功能及其表现；因此，在教学过程中，可以提供相应案例，引导学生采用社会学分析的方法，理解教育功能的多样性及其含义。

2. 教育功能是在教育的实施过程中发生的，因此应引导学生结合教育实际情况，理解教育功能的具体含义。

3. 引导学生结合学校教育及现实生活，了解教育负向功能及其表现，并自觉提高控制教育负向功能的意识。

4. 学有余力的同学，可以完成本章后面的“拓展阅读”。

第一节　教育功能概述

教育是人类社会文明发展过程中的一项重要社会实践活动。人类社会发展的历史告诉我们，教育对于促进个体的人的发展和国家的发展均有十分重要的影响与作用；而且随着生产力的不断提高以及全球化趋势的不断推进，这种影响与作用越来越显著。因此，教育得到了各国政府和普通民众的高度重视。本章主要讨论教育对个人和社会的影响与作用，亦即教育功能。

一、教育功能的含义

1. 什么是教育功能

教育功能（educational functions），是教育对个体发展和社会发展所产生的各种影响和作用。一般来说，教育在微观上表现为一种活动；在宏观上表现为社会的一个子系统，与政治、经济、文化、人口等其他系统共同构成完整的社会结构。教育功能指的是教育在与人及周围环境相互影响中所发挥的作用，它往往指向教育活动已经产生或者将会产生的结果，尤其是指教育活动对于人或社会所引起的变化、产生的作用。

2. 教育功能与教育目的的关系

教育目的是人们对“好”教育的一种期待，它反映了人们认为的“教育应该干什么”。马斯洛（Maslow）认为，教育的目的……在根本上就是人的自我实现，是丰满人性的形成，是人类能达到的或个人能够达到的最高度的发展。说得浅一些，就是帮助人达到他能够达到的最佳状态。[①] 比如在华人社会中，由于受中国传统文化的影响，较为普遍地存在这样一种观念：父母希望通过教育“望子成龙”“望女成凤”。

教育目的是人们对教育的一种主观期待，但教育功能不是主观的愿望，而是客观的结果。教育目的体现了教育主体对教育活动的期望和价值选择，是教育主体对自身需要的规范化。而教育功能是教育活动引起的各种变化，这些变化有正向和负向的影响，并不都能实现人们对于教育目的的设想。

二、教育功能的类型

就教育的影响与作用而言，教育功能非常复杂，包括多个层面。依据不同的标准，教育功能可分为不同的类型。

1. 从教育的作用对象看，可分为个体功能和社会功能

教育的个体功能即教育在促进个体的人的发展上所发生的影响和作用。教育活动离不开人。个体的人既是教育活动的必要的直接参与者，也是教育发挥其功能的最直接对象。因此教育的个体功能又称为教育的本体功能或教育的固有功能。

社会功能是指教育培养人参与社会生活而对整个社会所产生的影响和作用。人在

---

① 朱小蔓．情感德育论［M］．北京：人民教育出版社，2005：254.

其本质上是社会的人。因此，教育在对个体的人发挥直接功能的同时，实际上也在发挥着其对社会的功能。教育在不同的社会、不同的历史时期，表现出来的社会功能的重点不同，方向也不同。如古代社会教育的社会功能是政治功能，维护统治阶级的既有利益；现代社会教育社会功能的重点则更多地转向经济功能，比如当前中国致力于通过“科教兴国”，促进经济社会的繁荣和发展，成为教育社会功能的基本方向。

2. 依据教育作用的客观性，教育功能分为筛选功能与协调功能

教育的筛选功能与竞争和选拔联系紧密。作为教育最重要形式的学校教育，往往承担着社会生产生活中人才筛选的重要职能。学校教育的层层筛选（除义务教育之外）形成人的受教育水平的差异，而这种差异是造成人的社会分层和社会职业分途的重要标准与依据。

教育的协调功能主要反映在两个方面：一是它对筛选功能的协调，即协调教育和社会的关系；二是教育在客观上形成人的发展差异的同时，又是运用其特有的力量逐步缩小人与人之间发展的差异，从而保证社会的公平与公正。

3. 从教育作用方向看，分为正向功能和负向功能

正向功能又叫积极功能，负向功能又叫消极功能。最早提出正向功能和负向功能这一对概念的是美国社会学家默顿（Merton）。[①] 此后，日本教育社会学家柴野昌山（しはの・しころさん）则把这一对概念引入教育领域，构想出关于学校教育功能的理论分析框架。正向功能，是指有助于社会进步和个体发展的积极影响和作用；负向功能，是指阻碍社会进步和个体发展的消极影响和作用。

法国教育家丰塔内尔（Fontanel）曾经说过：“好的教育未必形成好的秉性，坏的教育也未必毁坏好的秉性。”中国也有学者指出，教育功能既可以指对人和人类社会发展有益的结果和作用，也可以包括对人和人类社会不利甚至有害的后果和影响。[②]《学会生存：教育世界的今天和明天》在论及教育问题的原因时也明确指出，“社会需要教育人们能够适应变化，乃至促进变化”，而“教育常常是同经济动向和社会广大部门的需要不协调的。因此，在许多情况下，尽管教育经费不断增加，而事实上却在培育着越来越多不合用的人”。[③]

从人类社会教育发展的历史上看，教育负向功能曾以不同的形式在不同的地区出现过。比如，欧洲中世纪教育、法西斯教育、日本的军国主义教育等，不但扼杀了人

---

① 默顿．论理论社会学［M］．何兴凡，等译．北京：华夏出版社，1990：104－105.

② 桑新民．呼唤新世纪的教育哲学［M］．北京：教育科学出版社，1993：192.

③ 联合国教科文组织国际教育发展委员会．学会生存：教育世界的今天和明天［M］．华东师范大学比较教育研究所，译．北京：教育科学出版社，1996：54－55.

的个性发展，也阻碍了社会的发展。因此，要建立真正意义上服务于教育实践的教育科学理论、找出教育运作的基本规律，就必须对教育的正向功能、负向功能予以全方位的认识。

4. 从教育作用的呈现形式看，分为显性功能和隐性功能

教育的显性功能是指依照教育目的，教育在实际运行中所出现的与目的相符合的结果。隐性功能是指结果既非事先筹划，也未被觉察到，是主观愿望之外的意外结果。

显性功能和隐性功能是从教育功能的呈现形式划分的。如促进人的全面和谐发展、促进社会的进步，就是显性教育功能的表现。教育的隐性功能是伴随显性功能所出现的非预期的功能，如教育复制了现有的社会关系，再现了社会的不平等，即是隐性功能的表现。显性与隐性的区分是相对的，一旦隐性的潜在功能被有意识地开发、利用，就转变成了显性教育功能。

第二节　教育的个体功能

教育的个体功能是指教育对接受教育的个体的人所产生的作用和影响。大到教育制度的设计，小到师资水平、课程设置及教学内容的新旧、教育手段的现代化水平及其运用，都影响着个体发展的方向和水平。

人类个体的发展，不仅是身心方面自然成长的过程，也是个体逐步承担社会角色、不断社会化的过程。教育在人的发展过程中，发挥着促进个体的社会化和个性化、增强个体享用意识和能力的功能。

一、教育促进个体的社会化

人是社会及其活动的产物。个体从自然生物体到社会活动主体的变化，就是个体社会化的过程。而个体的社会化是个体学习所在社会的生活方式，将社会所期望的价值观、行为规范内化，获得社会生活必需的知识、技能，以适应社会需要的过程。涂尔干（Durkheim）认为，“教育是年长的一代人对社会生活方面尚未成熟的一代人所施加的影响。其目的在于，使儿童的身体、智力和道德状况都得到某些激励与发展，以适应整个社会在总体上对儿童的要求，并适应儿童将来所处的特定环境的要求”。因此，“教育在于使年轻一代人系统地社会化，也就是将要塑造社会我，强调教育的

社会化功能"①。

1. 教育促进个体思想意识的社会化

人的思想意识支配人的行为。意识是社会价值规范在个体生活中及头脑中的反映。教育代表一定社会的要求，传播社会中的主流文化和价值观念，受这种文化和价值观念的影响，受教育者就易于形成符合主流社会文化要求的思想意识，从而认可并自觉维持现存社会的各种关系。

2. 教育促进个体行为的社会化

人的行为要符合所属群体或社会的要求，这个要求就是社会规范。教育通过社会规范的传递，使人们认识社会规范的意义和内容，认识到应该干什么，不应该干什么，从而规范人的行为，防止个体行为偏离社会的轨道。

3. 教育培养个体职业意识和角色

职业是人的社会化的集中体现。人生活在社会中，任何个体的人均要以一定的职业作为生存的基础。对职业技术教育、高等教育和成人教育而言，培养人的职业角色意识、态度以及技能是其核心要求；基础教育作为一种全面的早期教育，同样负有职业指导和职业定向的重要职责，要指导受教育者根据自己的兴趣、爱好和能力，结合社会发展的需要，确定自己的未来职业定位，帮助他们实现自己的职业理想。

思考与交流：说说教育对你本人社会化的影响？

二、教育促进个体的个性化

个性是人们在生理、心理、社会性等诸方面的一系列稳定特点的综合，是个体在实践活动中形成的独特性。个性化不是对社会的适应，而是尊重差异性的求异过程。个性化的核心是个体在社会实践活动中自主性、独立性和创造性的形成。

1. 教育促进个人主体意识的形成和主体能力的发展

主体意识是人作为认识和实践活动的主体的自觉意识，它包括主体的自我意识和对象意识；主体能力是主体认识、改造外部对象世界的能力。主体意识是主体性的观念表现，主体能力是主体性的外在表现。人要成为认识和实践的主体，必须通过接受教育，获得相应的知识、态度以及能力，从而实现自身变革以及变革客观世界的目

① 埃米尔·涂尔干. 教育及其性质与作用［C］//张人杰. 国外教育社会学基本文选. 上海：华东师范大学出版社，1989：9.

的。因此，教育过程对个体而言，就是促进个人主体意识形成和主体能力发展的过程。

2. 教育促进个体差异的充分发展，形成人的独特性

个体的独特性表现在人的个性心理上，诸如兴趣、爱好、理想、能力、性格等。个体的遗传素质原本就存在差异，如气质、智能的差异等。而后天由于生活环境、教育影响的不同，即便是相同的遗传素质，也会形成不同的发展结果。其中，教育影响发挥着更基础性的作用。教育作为有目的的活动，可以根据受教育者的不同心理发展特征，选择适合他的发展道路，设计适合他的教育。教育应该尊重受教育者个体的差异，因材施教，帮助不同的受教育者充分挖掘其内在潜力，形成自己独特的优势区域和特长。

3. 教育开发人的创造性

创造性是个体在创造活动中所表现的自主、独特的心理倾向。创造性是自我性和社会性的连接，它是个人才能的最高体现。但这种才能的发挥不是自然发生的，也不是简单重复前人的生活经验就可以实现的，而是有赖于教育激发受教育者张扬个性，培养他们独特的兴趣、爱好、理想、信念、能力等，从而为受教育者超越前人生产新颖、独特、有社会价值的产品创造条件。

三、教育的个体谋生和享用功能

1. 教育的个体谋生功能

教育在传递知识经验的同时，也使人获得了谋生的本领。无论是过去还是现在，人们之所以接受教育，是因为他们总是有意或无意地基于个体生存与发展的现实需要。从起源上看，教育的产生首先是为了满足人类生存的需要，也是为了个体更好地生存的需要。教育成为个体获取谋生本领的一种手段、一种有效途径和方式。在此意义上，教育的个体谋生功能是更为现实、更为直接的。

2. 教育的个体享用功能

对于个体的人来说，受教育的过程也是满足自我需要的过程，在满足需要的过程中，个体可以获得自由和幸福，获得一种精神上的享受。这就是教育的个体享用功能。

从历史发展来看，教育满足人的需要，首先是满足其生存的需要，教育必须为有用而进行，它具备的是人类保存自身和个体谋生的价值。而后随着人类的进化，社会的进步，物质的丰富，人类精神需求的提升，人们对于教育的需要，才开始从以生存

价值、功利价值为主转化为以精神价值为主，逐渐把精神的完善作为追求的目标，从而达到精神上的满足与享受。这种教育“不是因为它有用或必需，而是因为它是自由的和高贵的”①。教育活动，不只是使人成为社会需要的好公民，得以适应社会的存在，而且更深刻地体现在它展示了现代社会个人自我完善、自我发展的需要，教育如同吃饭、睡觉，是生活的一种形式，而且是一种高级的精神生活。人需要教育，不是为了谋生或成为外在社会期望的人，而是为了自身精神的追求，为了丰富自己的生活，得到一种精神上的满足和享受。

教育的个体发展功能是教育个体功能的核心和基础。教育通过知识经验的传递来促进个体的发展。但个体获得的知识经验有内在和外在两种不同的价值。知识经验的外在价值在于它能转化为一种力量（知识就是力量），成为个体谋生的手段。知识经验的内在价值在于促进人的身心和谐发展，造就完满的自由人格，使人成为自由之人、幸福之人。

思考与交流：你在受教育的过程中，体会到了精神上的满足吗？为什么？

第三节 教育的社会功能

教育的社会功能是指教育对社会所产生的作用和影响，特别是对社会政治、经济、文化、人口、环境等方面产生的作用和影响。教育与社会其他现象之间的关系就是“制约”和“促进”的关系。社会决定着教育的性质和发展方向，并为教育的发展提供保证条件；教育通过提高人的素质、培养人才又反过来不断推动社会的进步。

培养人是教育的出发点，也是教育区别于其他社会活动的本质所在。教育对个体的作用是教育对社会起作用的基础和前提。从根本上讲，教育对社会的作用和影响主要通过培养人来实现。因此，教育的社会功能是教育的个体功能在社会结构中的衍生，是教育的派生功能，也称教育的工具功能。教育的社会功能还可以分为两个层面：一是教育的直接社会功能，即教育自身作为一个社会子系统直接对其他社会子系统所产生的功能；二是教育的间接社会功能，即教育通过有针对性地影响人的发展进而影响社会的发展。

---

① 华东师范大学教育系，杭州大学教育系．西方古代教育论著选［C］．北京：人民教育出版社，1985：109.

一、教育的经济功能

教育的经济功能是指教育对社会经济发展所发挥的作用。随着社会生产技术、手段和方式的飞速发展，教育对社会经济增长的促进作用也在不断增强，在社会经济生活中的地位稳步提高。

教育的经济功能主要体现在以下几个方面：

1. 教育通过再生产劳动力推动经济增长

现代社会，人们接受教育的程度普遍得以提高，人才的竞争日益激烈，教育在国家和地方的经济建设中所发挥的作用也日趋明显，国民受教育水平的高低成为影响一国经济增长的重要因素。1959 年，美国的经济学家舒尔茨（T. W. Schultz）提出，全面的资本概念应包括人力资本和物力资本。人们用在教育、卫生以及为获得更好的就业机会而进行的国内迁移方面的直接费用，乃至为了获得高层次教育而放弃的收入，构成了人力资本。人力资本的主要成分是教育资本，它提高了人们的生产能力，是经济增长的源泉，也是真正解决贫困问题的有效途径。他认为，用单纯增加物质资本和劳动力数量来促进生产发展，不如通过教育提高人的能力，这样科学技术的发展速度更为迅速。他曾说："就美国经济增长而论，已有大量证据表明学校教育和大学的科学研究乃是经济增长的主要源泉。"① 人类社会只有通过教育把已有知识传授给劳动者，并相应地传授知识创新的方式、手段，才能促进知识向生产力的转化和知识经济价值的形成。教育是劳动力再生产的重要手段。

2. 教育通过自身运营推动经济增长

现代社会，教育受到普遍重视。于是就出现了这样的情况：一方面，父母为子女的教育投资；另一方面，各种与教育有关的"产业"迅速发展。通过大力发展教育，不仅可以有效地扩大受教育人口的比例，还可以带动建筑、仪器设备、文教用品、办公家具、通信、交通、报刊出版、旅游等一系列行业、产业的发展，从而达到带动经济增长的目的。

思考与交流：教育对你所在区域的经济发展有哪些影响？

---

① 舒尔茨. 教育的经济价值［M］. 曹延亭，译. 长春：吉林人民出版社，1982：81.

二、教育的政治功能

教育的政治功能主要表现在以下几个方面：

1．教育培养社会治理人才

从古至今，培养社会的各级治理人才，是学校教育的一项基本任务。政府组成人员大都是学校教育的结果。现代社会各项事业的发展日新月异，社会结构和政治活动日趋复杂，要求社会的各级治理人才都要具备基本的科学文化水平和较高的政治、法律素养，由教育来培养、培训治理人才的作用尤其突出。

2．教育培养合格公民

现代学校，世界各国基本上都开设有政治类或思想品德教育类的课程，比如“社会课”“公民课”“政治课”“品德课”“法律课”等。有很多国家还开设“宗教课”。其主要内容就是向学生介绍国家的社会政治制度、法律制度、公民的权利和义务、主导的意识形态、主流的道德品质等，目的是使学生形成社会所要求的政治思想，成为社会所期望的合格公民。

三、教育的文化功能

教育与文化相互依存、相互包含、相互制约、互为目的、互为手段。离开文化，教育就缺少了内容；离开教育，文化就无法有效地传承与发展。

教育的文化功能主要体现在以下几个方面：

1．教育是传递文化的最佳方式

文化的传承方式有很多，它可以借助文物、名胜古迹、媒介符号等来传承，也可以通过物质实体的方式保存下来，代代相传；还可以以法律、制度的方式来保存和传承；另外，也可以以战争、贸易、旅游、移民等方式来传承或传播文化。但仅有这些是不够的，因为一方面以物质实体和制度方式保存的文化还需要人的理解，另一方面，作为人类文化核心的文化传统、价值观念、思维方式等，只有通过人的培养，体现在每个人的思想意识中才能得以保存。从这个意义上讲，教育是保存和传递社会文化的最佳方式，它可以使新生一代能够经济高效地占有社会文化。

文化传递有两种情况：一是纵向的文化传承，表现为文化在时间上的延续；二是横向的文化传播，表现为文化在空间上的流动。教育作为培养人的活动，它以文化为中介，客观上起着文化的传播、传承作用。而且相比其他文化传递的方式，教育传播的文化是人类文化中最基本、最精华的部分，文化通过人的掌握而得以保存，保存的是深层的精神文化。因此，教育是一种有效的文化传递方式。正因为有了教育，文化才从一部分人传递给另一部分人，从一代人传递给另一代人，人类的文化才得以积累，才得以普及。

2. 教育能够选择文化

人类文化浩如烟海，不可能全部被下一代接受，这就需要对文化进行选择，选择优秀的人类经典文化，促进人的发展。而教育总是能够自觉吸收人类文明的发展成果，取其精华，将文化中真、善、美的部分保留下来；教育会根据所处的社会环境选择符合社会需要的主流文化。教育还会根据受教育者的年龄特点和教育教学的规律，选择适合教育过程的文化。

3. 教育能够更新和创造文化

文化是人类创造的，教育不仅负有对既有文化的传递功能，还具有更新、创造文化的功能。首先，教育总是基于对既定的社会文化的一种批判和选择，根据人的发展需要而组织起一种特定的文化，这样一个选择、组织、生成、传播的过程，就是文化的重组和更新的过程，教育因此形成了一种新的社会文化因素。其次，教育可以通过科学研究，从事文化创造，生产新的思想、观念和科学文化成果，这是文化创造的一个直接途径。最后，教育可以为社会文化的不断发展输送具有创新精神的各方面人才，通过这些人才再去创造新的文化，从而使学校间接成为文化的创造地。

4. 现代教育促进文化的交流与融合

文化是一定时期、特定地域人们的思想、行为的共同方式，在这个意义上，任何文化都具有地域性和封闭性。然而，现代社会生产力的发展、市场经济的形成，使政治、经济、文化已经打破了封闭的格局，走向开放和交流，文化在交流过程中渐趋融合。现代教育的开放性促进了文化的进一步融合。比如，通过互派留学生、互相进行学术访问、召开国际学术会议等，促进异域文化之间求同存异；通过引入国外的教材和研究成果等，对异域文化进行选择、判断，对已有的文化进行反思、变革和整合，从而融合成新的文化。不同文化间的交流、融合不是以一方取代另一方，而是一个吸收其他文化的有益成分，改造原有文化的过程。不同文化之间的交流与融合，不仅促进了世界文化的发展，也促进了本民族文化的繁荣。

四、教育的人口功能

当代社会，人口问题日益显著。人口数量的快速增长和人口质量的有待提高已经成为困扰人类社会可持续发展的一个紧要问题。尽管发达国家和地区的人口自然增长率在近些年都有所下降，但大部分发展中国家和地区的人口数量仍在不断攀升。在此情势下，提高教育水平成为人类社会人口合理发展的重要手段。

教育的人口功能主要体现在以下几个方面：

1. 教育有助于调节人口数量

控制人口增长的手段有很多，教育在其中发挥着独特而长远的作用。其一，教育事业的发展与提高劳动力素质有关，这在一定程度上能够刺激家庭的教育需求，从而增加抚养孩子的费用。其二，教育程度的提高，可以转变人们的传统生育观念，提高人们对人口增长与国家发展关系的认识。其三，女性受教育程度的提高可以增强其就业能力与机会，职业女性普遍面临着生育与就业的两难选择。其四，教育程度的提高，客观上推迟了人们的初婚年龄和生育时间，从而拉大了人们的代际年龄差距。

2. 教育有助于提升人口质量

教育的基本功能在于促进人的发展，实现人类社会的全面进步。教育提升人口质量的功能首先表现在对青少年儿童的培养方面，通过教育提高青少年儿童的科学文化水平，使其成长为全面发展的一代新人，增强他们创造美好生活与享受美好生活的能力。其次表现在对成年人的教育上，通过一定的教育使成年人掌握新的知识技能，提供对优生优育的认识，掌握相关的优生优育知识和能力，为后代创造更好的生活环境，提供更好的成长条件。

3. 教育有助于改善人口结构

人口结构包括人口的自然结构与社会结构。自然结构指的是人口的年龄、性别等方面，社会结构是指人口的阶层、文化、职业、地域、民族等方面。教育无论是对人口的自然结构还是社会结构，都会产生一些积极的影响。这主要表现在：其一，教育有助于人们形成科学的生育观念，从而避免选择性生育带来的人口性别比失衡等问题。其二，教育可以改变人口的文化结构和职业结构，使其适应社会发展的需要。其三，教育促进人口流动，使人口的地域分布更加合理。

第四节　教育的负向功能

教育作为人类有意识的活动，是在人有目的、有计划之下进行的。人们发展教育的根本目的就是要发挥其正向功能，促进个人或者人类向着好的方向发展。但是，人类有目的的教育活动在实践过程中并不能完全如愿。一般来说，某一具体的教育活动结束之后必然会产生两种结果：一种是正向的结果，即教育结果正如教育者所期望的而且是早已预料到的；一种是负向的结果，即教育结果并不与教育者的目的预设相一致，并非教育者有意如此，也不曾被教育者预料到。这就是教育的正向功能和负向功能。本章的第二节和第三节所介绍的主要是教育的正向功能。由于大多数情况下教育的积极作用大于消极作用，并且在主观上人们更关心、关注教育的积极作用，因而忽视了教育的消极作用。

一、教育负向功能的性质

教育的负向功能的非目的性向我们表明，教育的负向功能不会因人的正当运用而消失。正如美国社会学家默顿所指出，“在社会结构中，既存要素的反功能后果逐渐积累所形成的紧张与压力，绝非任何社会计划所能压制的”[①]。在此情况下，人们对教育的合理运用只能一定程度地限制或减弱教育的负向功能，但不能消除它。

1. 教育负向功能隐藏于教育本身

教育负向功能隐藏在教育本身。它在教育活动开展的过程中发生作用，并在教育结果中表现出来。教育活动总是为达到人们意愿中的正向目的，且总是以非常明显的正向功能展现在人们面前。而教育的负向功能在理论形态的教育中并没有立足之地，它只呈现为一种人们无法预料的可能。只是当某一教育理论在具体实践中，人们主观目的预设与最后的客观结果发生了部分扭曲与变异时，教育的负向功能才得以显现。因此，一般来说，教育的负向功能产生的根源在于教育的具体实践，而教育负向功能的后果最终体现在教育的结果中。

2. 教育负向功能与教育正向功能同时发生

教育负向功能与教育正向功能是同时发生的，一般说来其在势能上小于正向功能。教育对社会和人的消极作用和积极作用并不是独立产生的，而是同时发生、相伴产生的。自古至今，我们之所以一再强调教育对人类社会的巨大作用，正是由于教育的正向功能大于教育的负向功能，教育能够在极大程度上依照人的主观设计发挥其正向功能。

3. 教育负向功能的强弱依赖于外部环境

教育负向功能的强弱依赖于外部环境，在有利条件下趋于增大，在不利条件下趋于减小。这在教育史上能够非常清楚地看到。在中世纪，一切思想文化活动都围绕着

① 帕深思，莫顿，等. 现代社会学结构功能论选读［M］. 黄棋瑞，编译. 台北：巨流图书公司，1984：21.

上帝进行，教育以进行宗教观念灌输为主旨，结果使教育沦为宗教的附属品，教育变为极大地束缚社会和人自身发展的工具。欧洲文艺复兴之后，人的解放成为人类所有精神文化活动的主题，在这一主题下，教育充分发挥了正向功能，从而极为有效地推动了社会和人类的进步。

4. 教育负向功能的作用媒介通常是看不见的

绝大多数情况下，教育目的都是建立在教育的正向功能之上的，一切教育活动努力的方向都是为了实现教育的正向功能。但人们在具体的教学活动中总会无意识地实施一种看不见的课程，如某种情绪、爱好、态度、价值观等。这种看不见的课程是在无意识中进行的，受教育者也是在无意识中接受的。因此，这种看不见的课程作用于受教育者时既可能促使受教育者进一步发展，也可能会对受教育者产生消极影响。教育的负向功能正是以这种看不见的课程发挥着作用。

5. 教育对个体和社会的负向功能不一致

教育对社会和个人所起作用的方向并非都是同向的，而是存在不同的组合。对个体发展产生正向作用的教育不一定对社会发展产生正向作用；同样，对个体发展产生负向影响的教育也不一定会对社会产生负向影响。如下图所示①：

		教育的社会功能	
		正	负
教育的个体功能	正	A	B
	负	D	C

表中 A、B、C、D 的意义分别是：A：教育对社会和个体发展均为正向功能；B：教育对社会发展为负向功能而对个体发展为正向功能；C：教育对社会和个体发展均为负向功能；D：教育对社会发展为正向功能而对个体发展为负向功能。

思考与交流：针对以上 A、B、C、D 四种情况，请结合实际情况分别举一个例子进行说明。

① 张云霞. 教育功能的社会学研究［M］. 武汉：武汉大学出版社，2011：71.

二、教育负向功能在现实中的表现

教育对个人、社会和教育自身发展的这种消极否定作用普遍地、客观地存在于各国教育的运作之中。有人认为，与发达国家相比，发展中国家教育的负向功能问题更加突出一些。教育与社会变迁的密切关系以及发展中国家谋求社会进步和人的发展的迫切性，使这些急需“继续发展”的国家难以绕开教育的负向功能问题。①

当今社会正处于一个急剧变化的时代，人类的生产方式和生活方式已发生了许多根本性变化，世界发达国家正在由工业社会进入后工业社会。在这种背景之下，面对新时代对人和社会发展的客观需要，不管是发达国家还是发展中国家都普遍对教育寄予厚望，以期通过教育的进步来促进人和社会的进一步发展。在教育的快速发展中，其负向功能也随之而来。

（一）教育对个体发展的负向功能

1. 学校的“标准化”教育压抑学生的个性发展

“标准化”体现在外在形式上，最典型的就是班级教学制。这种教学组织形式通常是把一定数量的学生固定在一个教室里，用同样的教师、同样的教材、同样的时间、同样的教学进度来对待不同的学生。由于这些学生的学习能力、个性、特长、兴趣等各不相同，学校却用一种统一的教育模式来对待千差万别的个体，必然会压抑学生的个性发展。“标准化”体现在意识上，就是学校教育对学生思想的定式。学校教育总是会有意无意地向学生渗透社会上的道德行为规范，这很容易使学生顺应社会发展而缺少批判社会的勇气和能力。

2. “过度”的教育使个体感受不到受教育的幸福感

现代社会，教育的“功利性”越发突出。以分数论英雄、以升学为目的、以找到好工作为目的、以超越他人为目的的功利性教育严重扭曲了教育的本质，使受教育者没有幸福可言。

3. 教育者本身的局限对受教育者产生直接的消极影响

教育者的性格、态度、教育观念、教学水平、敬业精神和职业道德等都会对受教育者产生影响。如果教育者在以上各方面跟不上时代的要求，偏离了教育本质，必然会对受教育者产生消极影响。

---

① 伊焱. 论发展中国家教育的负功能［J］. 江西教育科研，2000（7）：8－11.

（二）教育对社会发展的负向功能

1. 教育的滞后性给社会发展带来消极影响

十年树木，百年树人，培养人需要一个很长的周期。如果教育者没有注意到这一点，不及时更新教育内容、教育方法、教育观念等，那就不能及时跟上时代的脚步，必然会对受教育者产生不利影响。对于学校教育来说，如果不注意实际情况，无限扩大教育规模，特别是高等教育，在增设专业的同时又不能适应社会的变化，必然会造成人力、物力的浪费，加大社会就业压力。

2. 教育不可避免地传递着保守的文化传统，阻碍社会进步

教育的基本使命是传递人类优秀文化传统，使人类的新生一代接纳前人的经验和智慧，在前人的基础上得到更进一步的发展。但是，教育在向人类新生一代传递以往智慧精华的同时，也不可避免地向后人传递着保守的文化因素，阻碍社会进步。

3. 教育的相对独立性对社会产生消极影响

学校教育在“正规化”和相对独立的同时，也在很大程度上把自己封闭起来，远离社会。这导致学生跟社会接触太少，毕业后无法很快适应社会。如今，大多数学校都已经意识到问题的严重性，不断给学生创造社会实践的机会。

4. 若教育强化种族中心、宗教中心等，不利于世界和平

迄今为止，各个独立民族国家的教育无不以塑造下一代的民族自豪感为己任，爱国主义教育成为各独立国家教育的基本法则。这样的教育对于本国本民族的发展是非常有利的。然而在教育这一正向功能充分发生作用时，它还有可能产生种族中心主义倾向，使得不同国家、不同民族之间产生矛盾。另外，一些宗教人士打着“宗教”的旗号宣传宗教中心主义，导致宗教对立、教派纷争。进入 21 世纪，世界热点地区的许多事件是由宗教极端主义引发的。它将继续影响人们的社会生活，激化热点地区的固有矛盾，或是使之进一步恶化。在有些国家或地区，宗教极端主义已与恐怖主义和分裂主义结合起来，这三股势力的发展严重影响了国际社会的安全和稳定。①

5. 学校教育导致社会新的不平等②

现代社会，文凭成了一种具有交换价值的商品，那些具有高学历的人，能够享受高收入、获得高地位；而那些没有进过学校或只拥有低学历的人则被打入社会的底层。而家庭背景优越的儿童无疑拥有更多的接受高一级教育的条件，从而能够占有更多的教育资源；而那些家庭背景不好的儿童，他们中的大部分人则没有机会接受更高层次的教育，由此导致这些人在社会上处于更加不利的地位。

---

① 金宜久. 宗教在当代社会的蜕变［J］. 世界宗教研究，2002（2）：6.

② 胡振京. 教育负向功能观的社会学分析［J］. 教育学报，2005（4）：38.

三、教育负向功能的控制

从20世纪60年代末70年代初开始，教育在世界范围内发生了重大危机。人们发现，学校教育不但没有带来预期的经济繁荣和社会进步，相反，它激化了社会矛盾，加剧了社会分化。这种状况，无论是在发展中国家还是在发达国家，表现都很突出。

教育负向功能的出现具有深刻的社会基础，即教育和社会的关系在现代社会中出现了某种程度的失衡，而且这种失衡有逐步扩大的趋势，以至于有些社会开始拒绝使用制度化教育的“产品”。[①] 一般而言，在社会发展处于相对缓慢的时期，教育与社会之间并不存在失衡或失衡并不明显；不过，一旦社会发展进入较迅速的时期，教育与社会之间的失衡往往变得比较突出。

一般认为，学习并非完全是在学校进行的，人的大部分知识都是在校外获得的。这意味着社会不应把教育权力仅仅赋予学校。随着社会的变迁，教育在促进个体发展方面所起的作用也呈现出逐步加强的趋势。在未来社会中，教育在促进个体发展中所起的作用将越来越大，在某种程度上，教育将和劳动一样成为人的第一需要。如果我们承认这一点，就应承认，对未成年人施加有目的、有计划的影响不是学校的特权，社会不应过分依赖学校，社会应有意识地发挥其自身的教育功能。因此，联合国教科文组织提出，“不要把教育的权力交给一个单独的、垂直的、有等级的机构，使这种机构组成社会中一个独特团体，相反，所有的集体、协会、工联、地方团体和中间组织都必须共同承担教育的责任”[②]。

正是为了迅速摆脱个人、社会以及教育自身发展的困境，世界各国普遍表现出强烈的危机意识，并由此导致同样强烈的教育改革意识，变迁与革新精神渗透在这些国家各级各类教育之中，形成了一股强大的教育改革潮流，而这些教育改革在很大程度上不能不说是出于对教育负向功能问题的关注与考虑。从国家层面来看，宏观层次的制度安排、中观层次的管理方式以及微观层次的各种教育资源均是确保尽可能减少教育负向功能产生的重要环节。而对教育管理者和教育者而言，应该有意识地树立一种全面的教育功能观，并且在教育实践活动过程中遵循教育规律，减少教育负向功能发挥的可能，从而最大限度地发挥教育在个人和社会发展中的正向功能。

---

① 胡振京. 教育负向功能观的社会学分析［J］. 教育学报，2005（4）：40.

② 联合国教科文组织国际教育发展委员会. 学会生存：教育世界的今天和明天［M］. 华东师范大学比较教育研究所，译. 北京：教育科学出版社，1996：202.

思考与作业

1. 什么是教育功能？它有哪些类型？
2. 教育对个体发展的正向功能表现在哪些方面？
3. 教育对社会经济发展的正向功能表现在哪些方面？
4. 教育对社会政治发展的正向功能表现在哪些方面？
5. 教育对社会文化发展的正向功能表现在哪些方面？
6. 教育对社会人口发展的正向功能表现在哪些方面？
7. 教育对个体发展的负向功能表现在哪些方面？
8. 教育对社会发展的负向功能表现在哪些方面？

反思与探究

1. “我”为什么要接受教育？教育对“我”有什么用？

2. 以小组为单位，讨论并论述“作为教育者如何最大限度地避免教育的负向功能”。

拓展阅读

郑淮，徐胜阳．“规训化”教育：学校教育负功能的审视［J］．华侨大学学报（哲学社会科学版），2016（4）：95－103.

该论文通过深入分析学校教育中的规训现象及其带来的影响，发现学校教育为了标榜“正规教育”，借助文化规训与制度规训以保证正常教学。在此基础上，主张从“规训化”教育中反思学校教育的负向功能，倡导重视学生的主体性和生活世界，回归以人为本的学校教育宗旨。

第三章　教师与学生

学习目标

1. 了解现代教师的角色；

2. 明白现代教师应该具备的素质；

3. 了解教师专业成长的途径；

4. 理解学生的本质以及影响学生发展的因素；

5. 了解古往今来师生关系的变化，理解理想师生关系的特点，掌握建立良好师生关系的基本方法；

6. 能够分析相关教育案例，解决相关教育问题。

教学建议

1. 可以充分结合现实教育情景来进行。可通过展示相关案例、讨论、模拟表演、讲述“你和老师的故事”等引导学生理解现代社会教师的角色、素质以及理想的师生关系。

2. 可以通过典型的电影反映教师素质、学生本质以及师生关系。

3. 可以编“教师与学生”的小话剧。

4. 注重文本阅读及师生互动。

5. 学有余力的同学，可以完成本章后面的“拓展阅读”。

案例导入

最美好的职业①

我想这是我一直努力想做得更好的工作。我以为能教书、会教书并不算什么，也

---

① 原案例来自菲律宾函授本科学员郭锦玲老师的《华文教育心理学》作业，略有修改。

称不上能干，但如何激发孩子们的学习动机，才是一位尽责任、有爱心的好老师最优的表现，这也一直是我努力的方向。

我常把自己的遭遇与奋斗经历，以“故事”的形式鼓励孩子们认真努力学习，好好孝顺父母，珍惜自己能读书的宝贵机会。多年来，我诚心劝勉、认真教学，孩子们大都能被我的真心感动。因此，二十年来我一直是个用真心教育孩子的老师，虽不能称上最优秀，但我想，校方、主管的肯定，家长、孩子的喜爱，就是我最大的安慰。

我感觉学生比较喜欢上我的课，是因为我会带着学生朗诵，也常自编曲调，带领学生唱诗歌，尤其是五言、七言古诗。至于课文中的旧诗，我一般都让学生在唱诵中自然记住，而不是要学生死记硬背，因此学生都愿意学习，乐意跟着老师学习唱诵，班上充满快乐。在讲课文时，我也会让学生自由发挥，比如，角色扮演，全班分组表演或比赛（配合学生自制的道具），学生常常十分感兴趣。

我认为教学不能一成不变，同样的教学方法，常用就失去效果，学生的学习兴趣也会递减，因此教学方法应该多样多变，有创意是老师必须具备的能力。我会为提升学生的听、说、读、写作出不同的努力，包括下课带着全班学生一起到图书馆借书，还让学生进行阅读比赛。看完书后，利用下课时间，让学生讲讲自己阅读的心得，或简单介绍书本的内容。师生一起借书，学生争相报告阅书心得，参加阅读比赛等，无形中能提升学生的写作能力、说话能力及阅读能力。平日除了教学，我也一直积极训练学生参加朗诵、演讲、讲故事、唱歌、作文、画图等校内外比赛。

要让学生对老师有信心，这会让教学更顺利。有空时，我会静下来认真地听听学生的心声，与学生适时地沟通。身为老师，有颗属于自己的童心很重要，有了自己的童心，就能很轻松地与学生相处。老师上课时，学生要懂得尊重老师，但一下课老师就要能够与学生成为朋友，成为亲人，成为学生信任并愿意倾吐的对象，这是我的责任，也是学生愿意为老师努力读书的一大动力。

我认为老师对学生，要有更多的掌声与鼓励，就是中学生也需要鼓励！大孩子更需要老师的肯定，需要掌声！需要师长的靠近和疼爱。

我想我一直是用真心与努力去换取学生的真心与努力的。

在以上案例中，郭老师说出了她心目中的好老师应该是怎么样的，那到底什么样的老师才能称得上是好老师呢？郭老师还说，在课堂上，学生要尊重老师，下课后，老师应该能够和学生成为朋友和亲人，那老师和学生之间究竟应该是什么样的关系呢？

在这一章里，我们将阐述现代教育中教师的角色与素质，教师专业发展，学生的本质，影响学生发展的因素等基本问题，同时梳理师生关系的基本类型，并说明如何建立良好的师生关系。

第一节　教师

在中国，人们常说“教师是蜡烛”，“教师是园丁”，“教师是人类灵魂的工程师”等。随着社会发展，很多人开始对这些说法进行反思，有的人甚至直接反对这些说法。还有人说，教师是世界上最需要信赖的职业之一，教师是世界上最危险的职业等。教师到底是一种什么样的职业？教师究竟扮演着什么样的角色？这是本章第一节即将探讨的问题。

一、教师职业角色

英语中的“角色（role）”一词源于戏剧，原本是指舞台上演员所扮演的人物。后来，“角色”广泛应用于其他领域。教师角色就是指教师在教育领域中要扮演什么样的人。

（一）传统教育中的教师职业角色

1. 文化和知识的传递者

从社会文化的传承上来看，教育教学过程就是教育者通过传递文化，使受教育者接受文化、变成社会新成员的过程。教师和学生之间最基本的关系就是知识的“传”和“受”的关系。教师在知识传授过程中具有绝对权威，学生是被动的知识接受者。

2. 教学活动的设计者与组织者

在教学过程开始之前以及进行当中，教师都需要仔细组织教学内容；在教学过程中，教师需要组织学生理解教材，组织学生有序地学习。同时，教师还要组织各种活动，目的是让知识传授的过程顺利进行并达到预期目的。

3. 学生学习的管理者和指导者

在教学过程中，教师不仅是知识的传授者，需要设计教学内容，设计教学活动，还需要管理好教学过程中的各种要素，指导学生更有效地学习。

4. 道德的示范者

教师需要具备最基本的道德规范，并将这些道德规范变成自己的实际行动，在教育教学过程中成为道德的示范或者榜样，学生在这个过程中会受到潜移默化的影响。

（二）现代教育中教师角色的延伸与转换

进入现代社会，传统的教师角色会一直延续。不过，社会的发展变化赋予教师很多新的角色。教师需要适应社会变化，在有意识地保持传统角色优点的同时，担负起新的教师角色。

1. 学习的合作者和促进者

传统教育中的教师是知识的绝对拥有者，是权威，而学生则是被动的学习者。而现代教育的目的是为了促进学生学习，教师的职责不在于仅仅完成传授知识的任务，而在于如何促使学生的学习发展。“教”应该充分认识到学生学习的主动性，教学内容、方法等都要围绕着“学”来展开。教师在教学过程中要以促进学生的学习和发展为目的。教师应该清楚地认识到，自己是学生学习的合作者和促进者，而不仅仅是指导者。教育不再是高高在上的教师带着被动无知的学生的一种行为，因此教师应该以民主的态度和学生一起共同参与学习，教育变成师生之间共同寻觅真理的过程。①

教师的职责现在已经越来越少地传递知识，而越来越多地激励思考，除了他的正式职能以外，他将越来越成为一位顾问，一位交换意见的参加者，一位帮助发现矛盾论点而不是拿出现成真理的人。他必须集中更多的时间和精力去从事那些有效果的和有创造性的活动：互相影响、讨论、激励、了解、鼓舞。②

——《学会生存：教育世界的今天和明天》第 118－119 页

2. 信息的整合者

当今是知识经济时代，传媒高度发达，各种信息渠道畅通，电视、广播、报刊、各类开放学校，特别是互联网使得人们获取信息的自由度空前提高。教师不再是学生获取信息的唯一来源，因此教师作为具体信息提供者的这一角色势必发生转变。教师应该变成信息的整合者，同时培养学生选择和整合有效信息的能力。③

3. 多元文化的理解者和践行者

多元文化的社会对教育产生了直接影响。在多元文化社会中，教师应该是多元文化的理解者。教师首先应该充分尊重并理解多元文化，关怀各类文化群体的学生。教

① 张华．教师角色的校正与开掘［J］．四川师范大学学报（社会科学版），2008（5）：55.

② 联合国教科文组织国际教育发展委员会．学会生存：教育世界的今天和明天［M］．华东师范大学比较教育研究所，译．北京：职工教育出版社，1989：118－119.

③ 周耀威，王伯康．教师角色新论［J］．教育发展研究，2002（4）：58；郑金洲．教师角色的新定位［J］．江苏教育研究（理论版），2008（3）：8.

师应该有意识地创设多元文化教育环境，促进各类文化背景的学生获得发展。①

4. 终身学习者和研究者

随着信息时代的到来，知识更新急剧加快。教师如果不及时补充和更新知识体系，势必会被社会淘汰。教师作为学生的信息来源之一，应该紧跟时代步伐，成为终身学习的实践者和榜样。中国有句俗话“教师要想给学生一杯水，自己必须要有一桶水”，而在当今社会，一桶水远远不够，教师必须不断学习，让自己的学识库变成涓涓溪流，不断补充，不断更新，才能适应新时代的变化。

教师还应该成为教育研究者。现代教育要求教师既要有教育教学技能，又要有教育理论修养。在教育教学实践过程中，教师应该主动对教育教学现象进行科学的分析研究，并通过不断地实践、研究、再实践，以验证教育教学技能与教育理论的可行性，同时用新的研究成果指导自己的教学实践。

我备这节课用了一辈子②

一位有30年教龄的历史教师上了一节公开课，课题是“苏联青年的道德理想”，区培训班的学员、区教育局视导员都来听课。课上得非常出色。听课的教师们和视导员本来打算在课上写点记录，以便课后提些意见的，可是他们听得入了迷，竟连做记录也忘记了。他们坐在那里，屏息静气地听，完全被课堂吸引住了，就跟自己也变成了学生一样。

课后，邻校的一位教师对这位历史教师说：“您把自己的全部心血都倾注给自己的学生了。您的每一句话都具有极大的感染力。不过，我想请教您，您花了多少时间来备这节课？不止一个小时吧？”那位历史教师说：“对这节课，我准备了一辈子。而且，总的来说，对每一节课，我都是用终生的时间来备课的。不过，对这个课题的直接准备，或者说现场准备，只用了大约15分钟。”

这是苏联著名教育家苏霍姆林斯基在其《给教师的建议》一书中所提到的一件事。他在书中评价道：“怎样进行这种准备呢？这就是读书，每天不间断地读书，跟书籍结下终生的友谊。潺潺小溪，每日不断，注入思想的大河。读书不是为了应付明天的课，而是出自内心的需要和对知识的渴求。如果你想有更多的空闲时间，不至于

---

① 章光洁. 多元文化社会中的教师角色及其对教师教育的启示［J］. 西南师范大学学报（人文社会科学版）. 2002（11）：68－72.

② 案例（略有修改）内容来自：瓦・阿・苏霍姆林斯基. 给教师的建议：修订本全一册［M］. 杜殿坤，编译. 2版. 北京：教育科学出版社，1984：7.

把备课变成单调乏味的死抠教科书，那你就要读学术著作。应当在你所教的那门科学领域里，使学校教科书里包含的那点科学基础知识，对你来说只不过是入门的常识。在你的科学知识的大海里，你所教给学生的教科书里的那点基础知识，应当只是沧海之一粟。”这正说明了终身学习的重要。

5. *心理健康的维护者*

很多研究表明，教师是影响青少年心理健康的重要因素，教师的成长是改变课堂氛围、建立积极支持的师生关系的主要推动力。许多研究都把心理健康教育作为培训教师、改善学校环境的重要内容。[①] 教师作为学生的主要陪伴者之一，应该掌握心理健康知识，时时保有维护学生心理健康的意识，为教育教学创设良好的心理氛围，理解和支持学生，维护学生自尊心，给予学生情感支持，成为学生可以信赖的人。

学生心理问题令人担忧

美国300所大学咨询中心的调查显示，校园中越来越多的学生患有不同程度的心理问题。这些心理问题包括：压力、焦虑、担心被恐吓、家庭或朋友问题、孤独、抑郁、酒精或药物滥用、进食障碍、能力缺陷、学习困难、自杀或他伤观念、性沉迷、害怕暴力或恐怖行为、适应困难、失学等。[②] 中国某份调查结果显示，在所调查过的九个省市的青少年中，城市青少年心理健康状况不良的占总人数的12.63%，农村的占总人数的11.90%。[③]

二、教师专业素质

教师专业素质是指一名合格教师在课堂内外所应具备的专业知识、专业能力、专业道德以及个人修养的总和。

教师专业素质的高低决定了教育质量的高低。很多国家都已经认识到了这一点，因此把提高教师专业素质作为国家教育改革的重要工作之一。同时，教师素质也成为学界研究的重点和热点。

---

① 俞国良，王勍．比较视野中青少年心理健康教育与服务的发展路径［J］．中国人民大学教育学刊，2015（2）：9.

② 严建雯，等．国外青少年学生心理健康咨询服务现状与问题［J］．教育发展研究，2007（12）：71.

③ 肖静，等．中国青少年心理健康状况调查报告［R/OL］．http：//wenku. baidu. com/link?url = HCgVDxY-W3zOZtmWYhBetiLvS4HQ_Mc4IG3XojWaHaW7vfsEtkppxQK5ISrhP8A5nVN6--9y3dfS9w4yXe0k6Uhv5ByerZEvFEJ4cCtaVBG.

只有保留和造就最优秀的教师，这个国家才能摆脱它所陷入的困境；只有教师，也只有教师，才是这场改革的希望。

——《国家为21世纪的教师做准备》

有关“教师素质构成”的不同观点①

研究者	教师素质构成
谢安邦	1. 职业道德和专业精神　2. 文化修养　3. 能力结构　4. 身心素质
叶澜	1. 教育理念　2. 知识结构　3. 能力　4. 认知能力和方法论
彭森明	1. 普通素养　2. 专业知能　3. 专业信念与态度　4. 人格特质　5. 专业学科素养
中国教育部师范司	1. 专业知识　2. 专业能力　3. 专业情意
唐松林	1. 认知结构　2. 专业精神　3. 教育能力
教育大词典	1. 良好的个人品德　2. 职业道德　3. 有比较广博的知识，精通所教学科知识　4. 教育理论素养　5. 语言素养　6. 能力　7. 身体健康
马录堂	1. 品德　2. 才学　3. 能力
胡艳	1. 服务社会或人类的理想　2. 师德品质　3. 教育教学理论和实践能力 4. 文化素养和精深的学科专业知识　5. 研究和反省能力
Barbara Kelley	1. 精深的内容知识　2. 教育教学技能　3. 了解学生，对学生负责　4. 评价学生和基于评价的教学　5. 课堂管理能力　6. 反省实践能力与方法　7. 合作的观念和能力
孟万金	1. 专业理念　2. 专业知能　3. 专业情怀　4. 专业规范
美国全专业教职标准委员会	1. 教师效力于学生及其学习 2. 教师熟悉他们所教的学科内容以及如何把这些学科内容教授给学生 3. 教师负有管理和监控学生学习的责任 4. 教师系统地思考其教学实践并从经验中学习 5. 教师是学习共同体的成员

① 谢安邦. 教师素质的范畴和结构探析［J］. 教师教育研究，2007（3）：2；赵中建. 教师专业素质举隅［J］. 全球教育展望，2001（7）：39.

有关教师素质的部分调查结果

> 中国北京教育科学研究院助理研究员邢利红于2009—2010学年对从北京市4个城区、4个郊区随机抽取的44所学校的高中生做了调查，调查结果显示，学生对教师的期望可以概括为教师的职业道德、课堂教学能力、教育管理能力、教育态度和教育方式、教师风度五个维度。在职业道德中，学生最关注的是“了解学生、热爱和关心学生、指导和帮助学生、公正公平、认真负责、不歧视或讽刺学生、师生关系及家校关系”等方面。在教师课堂教学能力方面，学生最关注的是“教师的教学技能和方法”。在教师教育管理能力方面，学生最关注的是“学生管理”，36%的学生提出“加强管理、严格要求学生”。在教师教育态度和教育方式上，学生最关注“沟通交流”。在教师风度方面，学生最关心的是老师的“耐心”和“言行举止”。①
>
> 在华文教育方面，自2007—2017年，对暨南大学华文教育专业的历届学生（绝大多数为华裔）进行调查的结果显示，学生主要关注教师素质的四个方面：职业道德、个人修养、教学能力和专业知识。值得注意的是，历届学生都把职业道德排在第一位，其次是个人修养，基本上都把专业知识排在最后一位。

（一）专业知识

教师的专业知识是指区别于其他职业、教师必须掌握的各类知识的总和。

教师专业知识分为四大类：

1. 学科专业知识

学科专业知识包括本学科的专业理论、基本知识、专业研究方法、专业发展史等。这是教师首先必备的知识主体。比如，作为华文教师，首先应该具备完善的汉语言知识和中华文化知识。在汉语教学过程中，教师不仅能够正确地传授汉语言知识和中华文化知识，而且能够灵活解答学生提出的相关问题。

2. 教育学、心理学知识

教育学、心理学知识包括教育学、教育心理学、教学法、教育研究方法、普通心理学、学习论、教育管理学、教育测量学、教育评价学、教育技术学等相关理论和基础知识。这些知识可以帮助教师掌握教育学的理论基础，认清自己的权利和义务，明确自己的教育理念，认识教育规律，掌握各类教学法等，从而更好地展开各项教育教学活动。

---

① 邢利红．当前高中生对教师素质需求调查分析［J］．中国教育学刊，2011（9）：70－73.

美丽的燕子①

8 岁的霖霖是个与众不同的孩子，敏感而细腻。因为先天的原因，他口齿不是很清楚，但他说话语速很快，这样，他和人沟通起来有点费劲。

一天早晨，霖霖交给我一张纸，说是给我的信，说完转身走了。我打开纸一看，是他妈妈代写的，有他自己的亲笔签名。信的下方，还画了一些类似飞鸟的图案。

“听霖霖的妈妈说，昨天他给你写了一封信，信上还画了美丽的燕子，就像你。”同屋的徐老师对我说。我笑了笑，把信放到自己的抽屉里。过了几天，霖霖来到办公室问我：“信呢？”我拿出来让他看，并告诉他我会好好保存的，他羞怯地笑了笑，转身走了。

一天，我碰到霖霖的妈妈，她说：“李老师，我们霖霖可喜欢你了，每天都跟我说你。有事没事他就想让我给你打电话。你一定要多跟他交流一下，他特别重感情。”我笑着答应了。

不久，学校让我给四年级上课，和霖霖接触的机会少了。一天下午，我在办公室写教案，王老师把霖霖带到办公室解决问题。他走进办公室，看了我一眼，我也看了他一眼，又低下头写教案。

第二天，王老师对我说：“你知道吗？霖霖爱上你了，昨天我请他到办公室解决问题，他一直很难过，我觉得不对劲，回到班里和他谈话才知道，把他带到办公室解决问题时你在场，他觉得很尴尬。”

又过了几天，王老师告诉我：“霖霖这几天特别痛苦，回家后跟他妈妈痛苦地说，‘李燕老师对我太粗糙了，她根本不懂得我的感情’。你应该多关爱霖霖。”

我仔细想想，自从我带四年级后，和他沟通的时间确实少了，他来办公室也极少见到我。意识到自己的粗糙，我立即跑到班里，找到霖霖，抱住他，亲亲他说：“我喜欢你。”

以后的几天，我一看到他就热情地与他打招呼。

得到孩子的爱真是一种特别的幸福。

思考与讨论：如果你是李燕老师，你会怎么对待霖霖？

中国儿童教育专家孙瑞雪评价以上内容时说：小孩子爱上了老师，表明孩子心中一种特别情感的萌动，表明孩子英雄时期的到来，他开始显现出少年的情怀了。什么

① 孙瑞雪．捕捉儿童敏感期［M］．北京：中国妇女出版社，2010：293．

样的老师能获得这样的爱戴呢？是可爱的老师。好玩的是，一个月过后，霖霖见了李老师就像什么也没发生一样。他的这段敏感期过去了。

类似这样的“怪事”在教育过程中时有发生，这就要求每个教师必须熟练掌握并能灵活运用教育学、心理学方面的知识，能够科学地分析教育教学过程中遇到的问题，并能为解决这些问题找到科学的根据。

3. 跨学科知识

这里说的跨学科知识指的是除了本专业知识之外的各种各样的知识。

当今知识发展的一个重要趋势是知识的一体化，自然科学、社会科学和人文科学在高度分化的基础上走向高度统一。现代教师必须不断学习、终身学习，必须具有丰富、多元的知识结构，从单一型向复合型转化，科学、技术、哲学、宗教、艺术等都应在视野之内。①

在华文教学的课堂上，具备了跨学科知识的教师，其教学效果往往会比那些知识单一的教师好得多。比如，有的华文教师在讲唐诗时，会给唐诗配上学生熟悉的旋律，甚至自编舞蹈，让学生边唱边跳地学习诗歌；在讲到一些记叙文时，教师会把每个场景画出来，增强学生的感性认识；在讲到某些物理或化学现象时，教师会把物理和化学实验带入课堂。这样的课堂更能吸引学生注意力，激发学生兴趣，从而提升教学效果。

4. 实践性知识

实践性知识是指教师通过对自己教育教学经验的反思和提炼所形成的对教育教学的认识。②

研究已经证明，在教师的教学过程中真正发挥作用的是那些日积月累形成的，融合了理论与实践、个体与公共、明言与缄默知识而形成的个人实践性知识。③ 有学者提出，教师的实践性知识包含四个要素：第一是教师；第二是问题情境，即教师必须面临一个令其困惑的、有待解决的问题；第三是行动中反思，即教师必须采取行动来解决这个问题并形成经验，对教师今后的教育教学具有指导意义；第四是信念：实践性知识虽然蕴含在这个整体的经验中，但可以被提升为一种信念，通过教师的后续行动被验证为“真”，并指导教师的后续行动。④

---

① 马笑霞. 对现代教师素质的思考［J］. 教育理论与实践，2004（7）：27.

② 陈向明. 对教师实践性知识构成要素的探讨［J］. 教育研究，教育研究，2009（10）：67.

③ 王艳玲. 教师应该具备哪些知识——近 20 年来美国教学“知识基础”研究述评［J］. 外国中小学教育，2009（8）：11.

④ 陈向明. 对教师实践性知识构成要素的探讨［J］. 教育研究，2009（10）：68.

快要……了①

模拟教学中，小A老师在给小学三年级的华裔学生讲语言点“快要……了”时，先直接板书“快要……了”，然后跟学生说“我们先来看几个例句”，接着在黑板上写下三个例句：“1. 假期快要结束了。2. 快要下课了。3. 我快要结婚了。”老师带领学生读句子，有一部分学生对此毫无兴趣。老师只好点几个不愿开口的学生读句子。学生读完之后，老师让学生模仿黑板上的例句造句，可是没有人主动造句。老师明显感觉到自己的教学出现了问题。因此，在第二次模拟教学中，老师是这么做的：她首先拿出4个透明的杯子和一大瓶蓝色的水。她跟同学们说：“我们在上课前先玩个游戏。”她把几个杯子摆在桌子上，先往第一个杯子里倒了一点儿水，然后请几个同学上来帮老师往以下的几个杯子里倒水，要求每一次倒的水都要比前一个杯子里的水多一些。学生很感兴趣，有几个学生主动上来倒水。倒完水，老师把这几个杯子整齐地摆在前面比较高的位置，等学生们观察之后问：“杯子里的水越来越多了，对吧？那最后这个杯子，水满了吗？”学生说：“没有。”老师说：“那我如果再加一点点水，杯子满了吧？”学生回答：“是的。”老师拿起那个再加一点点水就要满了的杯子说：“杯子里的水快要满了。”这时，全班同学异口同声地说：“哦。”于是，老师便逐渐总结出来了一条经验：讲语法点时，要避免枯燥的讲解，尽量能够进行直观性教学，再加上启发引导，吸引学生主动参与课堂。之后，这位老师很自然地就把这一条经验运用到讲解其他的语法点中去了。

实践性知识当然是来自于教师的亲身实践。最重要的是，教师要时常保持教学反思的意识，能够敏锐地发现问题，并找到解决问题的最佳方案。在这个过程中形成自己的“经验”，变成实践性知识，从而指导以后的教育实践。

（二）专业能力

教师专业能力是指教师在教育教学活动中形成的教师职业所具备的特殊本领。

20世纪末21世纪初，美国教育界流行这么一句话：评判一名教师是否合格，关键是看他知道什么，能够做到什么。这其实就是在说，一名教师不仅要有专业知识，也要有专业能力。而且，教师素质要把握的远远超出教学专长的范围，涉及作为一名合格教师在课堂内外所应具备的全面素质。人们不再像过去那样单纯强调教师的个性品质或熟练的技能，而是更加关注教师使所有学生参与严格的和有意义学习活动的知识和能力。② 相对于其他职业，教师专业能力是教师职业必须具备的特殊本领。而对

① 根据暨南大学《华文模拟教学》课堂教学实录整理编写。

② 许明．美国关于教师素质的新界定［J］．教育评论，2002（1）：49．

于教师职业本身，教师的优劣不在于专业知识有多丰富，也不在于专业技能有多熟练，而在于他置身于教育环境，遇到教育问题时所展现出来的专业智慧。不同的教师，他们的学历可能一样，知识容量可能差不多，所处的教育情境也可能相近，但创造的教育业绩与教学效果可能大不相同，这主要是由教师的“能力”造成的。教师专业能力并不是各种能力的简单混合，而是多种能力在教师处理教育事务时所展现出来的高度统一。只不过为了方便培训教师，方便教师分技能提升自己的专业能力，方便教学，教师专业能力通常划分为以下几大类：

1. 教育活动设计能力

教育活动设计能力是指根据一定教育目标，选择教育内容或开发课程资源，对教育活动进行设计的能力。其中最重要的就是教学设计能力，即能够遵循教育教学规律，对教材、教学目的、学生、教学时间、教学手段、教学方法等进行整体构思的能力。教学并不意味着在课堂上完成教材上的内容就可以了，而是在真正进行课堂教学之前就要充分考虑各方面的因素，特别是要考虑学生、教材和教学环境等因素，对教学活动进行合理设计，这是保障课堂教学能够顺利进行的必要条件。

2. 教育活动实施能力

教育活动实施能力是指根据教育活动设计方案和实际的教育情境，有效地完成教育活动的能力。教育活动实施能力主要包括以下几类：

（1）语言表达能力。

教师语言是特殊的职业语言，具有示范性功能、交际性功能和教育性功能。[①] 相对于其他职业，教师职业对语言的运用和掌握，特别是教师的口语表达能力，提出了更高的要求。教师语言既要合乎规范，又要人性化。即既要发音标准、用词规范、音量适中、语速恰当、简洁幽默等，又要适合学生的心理特点。

（2）板书能力。

传统教育中，教师需要写一手漂亮的粉笔字。随着白板、多媒体等多种新的教学设备的出现，教师不仅要写好粉笔字，更要能够在白板上写一手好字。设计合理、书写漂亮的板书不仅能够更加清晰地展现知识点，而且能够吸引学生的注意力。漂亮的板书甚至可以成为教师吸引学生认真上课的主要因素。针对第二语言背景或外语背景下学习汉语的学生，除了合理的板书设计之外，华文教师最好能书写楷体或宋体汉字。特别是在学生学习汉语的初级阶段，教师一定要一笔一画地板书汉字，切忌龙飞凤舞。

---

① 李春红. 汉语传播新视域：理论探微及词汇认知与习得［M］. 广州：世界图书出版广东有限公司，2013：9.

（3）多媒体辅助教学能力。

多媒体辅助教学是以现代教育理念为指导，利用多媒体设备及相关处理软件把课堂教学内容经过加工，以多种媒体形式展示给学生的现代教学模式。①

随着信息社会的到来，除了传统的纸质书本之外，还出现了融文字、声音、图画、动画、影像等为一体的电子教科书以及多媒体软件等多种形式的教学材料。在这种情况下，教学形式也发生了相应的变化，多媒体教学已经成为或者正在成为当今教学最主要的手段，这就要求教师必须具备多媒体辅助教学能力，即能够在多媒体教学环境下运用现代教育理念和信息技术，对教学资源进行科学设计并能顺利完成教学任务的能力。同时要注意多媒体辅助教学的优点和缺点，尽最大可能发挥多媒体教学的优势，减少劣势。

行动与思考：通过查阅资料、观察实际课堂教学等方式了解多媒体教学的优点和缺点。

（4）教育交往能力。

在教育教学中，教师的交往对象不仅仅有学生，还有同事、领导、教育理论工作者、学生家人等。教师与学生的良好交往可以使教师在愉悦的环境中完成教育教学活动，可以给学生积极的影响，促进学生全面发展。教师与同事、领导和教育理论工作者的良好交往不仅可以使教师保持愉悦的心情，还能促进教师自身的发展。教师与学生家人的良好交往可以拉近教师、学校与学生家人之间的关系，方便家校形成合力，共同促进学生的发展。因此，教师应该完善交往观念，强化交往意识，学习和运用相关的心理学知识，明确交往的一般原则，不断提升自己的教育交往能力。

特殊的男生②

我们班有一位特殊的男生，他原是一所重点中学的优秀生，成绩名列前茅。但后来由于沉迷网络，经常逃学，被学校停课。他在停课期间，由于爸爸“打游戏对你有那么大的吸引力，你若不想去上学，就永远别去”的一句气话，他就真的再也不愿走进校门了，在家一待就是半年。父母把好话说尽，可是他依旧执拗不改。父母很着急，想到把孩子送到寄宿学校，认为孩子只要出不去校门，进不了网吧就行。就这样

---

① 何克抗，李文光．教育技术学［M］．北京：北京师范大学出版社，2002：27.

② 本案例名称由本章作者所加，内容略有修改。原案例来自雪碧的博客：http：//blog.sina.com.cn/s/blog_4ae9b3760100ojoe.html。

他来到了我们班。他入校时，由于是学期中间进班，桌椅板凳都是现找的，父亲从学校仓库里搬出一套旧桌椅，上面落满了灰尘，妈妈急忙去擦洗。但是站在一旁的他，一副无所谓的样子，甚至还投来了不屑的眼光。妈妈把桌子搬进教室后，千叮咛万嘱咐，要他听话好好学习。最后他只硬生生地说了一句："你们走吧，别来看我，我就在这待一个月，一个月后就给我自由!"看着这么有个性的孩子，一时间我也不知道该说什么好了，只能先安慰家长，让他们放心离开。可是他父亲非常生气地说："别管他，看他能怎样！只要出不了这个校门。"送走了他的父母，我赶忙找孩子谈话。他告诉我，他现在对父母只有恨，别的什么都没有。父母不关心他，出了问题就知道打骂，所以他要与他们对着干，故意气他们，他们越生气他就越高兴。这个曾经那么活泼、优秀的孩子，就是因为家长的误会、不理解而变成了这样，想起来让任何一个老师都觉得痛心。该如何化解他与父母之间的矛盾呢？解铃还须系铃人，要想彻底改变他，就要从他的父母入手，先建立他与父母基本的沟通再说。于是，我首先及时发现他身上的优点，并及时告诉家长，使他的父母对他仍报以信心，让父母给予孩子更多的关心与理解。其次，自己偶尔给孩子准备一些礼物或零食，并告知是父母送来的，之后再做他父母的工作。总之，是今天妈妈打电话了，明天爸爸来看望了，让他体会到父母的关爱。同时，不断要求父母到校或打电话联系。刚开始时，学生的爸爸总以工作忙为借口，不能到校，但是看到老师为孩子忙前忙后，也觉得不好意思。几次交往之后，他爸爸和我熟悉了许多，成了无话不谈的朋友。每当回忆起以往那个曾经优秀的儿子，他爸爸兴奋不已。我还经常把自己与他父母谈话后的感受以及父母对他的关爱转达给他。最后，在与他进行几次交流之后，他终于认识到自己对父母存在着一些误解，真情地给父母写了一封信，他与父母的误会也渐渐地得以化解，学习的热情也慢慢高起来了。

在上面的案例中，这位老师有着正确的学生观以及非常好的教育交往意识。他不仅主动与学生交往，还主动与学生父母交往，耐心与学生以及学生父母沟通，让一个沉迷网络、无心向学的学生重新燃起学习的热情。

思考与讨论：你如何看待上面案例中老师的做法？

3. 教育过程的组织与监控能力

教育过程的组织与监控能力是指在教育过程中组织与管理各种形式的学习或探究活动，调节学生行为，保证教育活动顺利进行的能力以及对班级或其他学生团体的管理能力。[1]

（1）班级常规管理能力。

教师应该清楚班级常规的类型、制定班级常规的原则与步骤、如何执行班级常规等。

（2）课堂教学的组织与管理能力。

教师应该能够明确现代课堂管理理念，清楚课堂教学管理存在的主要问题，掌握课堂教学管理的基本策略。

（3）灵活处理突发事件的能力。

教师应该具备处理教育教学过程中突发事件的能力，即具备教育教学机智。

再完美的教育教学活动设计方案，也很难得到完美执行，教育教学活动具有复杂性和不可控性。因此，教师必须要具备高超的教育教学机智，能够随时处理教育教学活动中发生的意外事件。这是对教师复杂性能力的真正考验。具有高超的教育教学机智意味着教师不仅需要具备非常好的教育学、心理学理论素养，更需要具备敏锐的洞察力、灵敏的反应力。

不要漏掉学生的名字[2]

新学期开学，一位老师在点名时，被“赵志枨”这个名字难住了。前两个字已经读出口了，这第三个字到底读什么呢？他想凭感觉读一下，又怕读错。一时间觉得非常尴尬，最后，他老实地告诉学生：“对不起，这个字我不认识，大家能告诉我吗？”说着他把那个“枨”字工工整整地写在黑板上。“老师，这个字读‘chéng’，我叫赵志枨（chéng）。”一个男生站起来大声说。伴着他响亮的回答，教室里响起了热烈的掌声。

遇到这样的事情，很多老师的做法常常是故意漏掉学生的名字，等被漏掉名字的学生站起来问时，就故意说“你叫什么名字啊，我怎么没看到呢”或者等把所有的同学名字都点完之后问“谁的名字还没被点到”，没被点到名字的学生自然会把名字告诉老师。这样做，既知道了学生的名字，又可以保住教师的颜面。但案例中的老师用一种非常真诚的态度，获得了学生的信任。表面看起来，这种做法好像不太灵活，而实际上，这是很好的教学机智，因为他用非常自然的方法解决了意外出现的问题。

（4）班级环境和文化建设能力。

作为教师，应该清楚班级文化的构成要素，练就组织班级、建设良好班级形象、

---

① 王卓，杨建云．教师专业素质内涵新诠释［J］．教学科学，2004（5）：53.

② 魏薇，等．中外教育经典案例评析［M］．济南：山东人民出版社，2005：44.

培育班级精神文化的能力。同时，教师应该具备班级环境管理的能力，比如学生座位的安排、布置教室、环境保洁等。

4. 教育评价能力

教育评价能力包括教师评价学生的学习、评价其他教师的教育行为，并提供建议的能力以及对自己的教育决策、行为、能力和态度等方面进行评价与反思的能力，以增强自我改进、自我成长的自觉性。①

要想有比较强的教育评价能力，教师就要清楚现代教育评价的内容、基本原则与方法，增强对教育教学过程中的各个方面进行教育评价的意识，特别是要提升反思评价的能力，即对自己的教学环节、教学目标、教学内容、教学过程、教学方法、教学效果等各个方面进行反思评价和自我调控的能力。

5. 教育科学研究能力

教育科学研究能力其实就是教师在教育教学过程中发现问题、解决问题的能力。这就需要教师具有强烈的问题意识，对教育教学过程进行不断地反思，敏锐地察觉教育教学过程中存在的问题，并试图通过各种方式来解决问题，真正意识到教育研究对教育教学所产生的重要作用，让自己的研究结果更好地促进教育教学的发展。

中国某中学教师通过对十三年来学生作文——《孔乙己续写》的纵览，发现十三年来学生在价值观、写作心理、语言等方面都发生了很大变化。于是，他对这些现象进行反思，分析了学生发生这些变化的原因，并把这些反思成果写成论文——《从十三年“孔乙己续写”看学生作文变迁》，发表在学术期刊《上海教育科研》上。② 他的研究结果对于该校教师了解学生的实际情况具有较大的指导意义。

6. 信息能力

信息爆炸以及科技的发展要求教师必须具备较强的信息能力，即能够利用多种方式特别是信息设备快速检索、获取、加工、处理、运用信息的能力，甚至是在此基础上创造新信息的能力。比如，熟练操作计算机、扫描仪、投影仪等硬件以及使用办公软件的能力；能够迅速找到检索信息的工具或途径，并能快速、准确地搜寻信息的能力。

（三）专业道德

教师专业道德指的是教师作为一种专门职业的特殊道德要求和准则，它包括教师的专业理想和专业责任等。

教师的专业理想是教师对成为一个成熟的教育教学专业工作者的向往和追求，这

① 王卓，杨建云．教师专业素质内涵新诠释［J］．教育科学，2004（5）：53．

② 琚金民．从十三年“孔乙己续写”看学生作文变迁［J］．上海教育科研，2009（5）：88－89．

是教师愿意从事教育工作的根本动力。

教师的专业责任包括对教育专业的责任以及对学生的责任，对专业的承诺以及义务的履行。一般而言，教师应担负的专业责任常常通过教师职业道德规范的形式予以规定，以遵守一定的行为规范为准则，教师应当为自己选择了教师职业或被分派到这一工作岗位担负责任，对教育工作满怀责任感。①

中国《中小学教师职业道德规范（2008 年修订）》②

一、爱国守法。热爱祖国，热爱人民，拥护中国共产党领导，拥护社会主义。全面贯彻国家教育方针，自觉遵守教育法律法规，依法履行教师职责权利。不得有违背党和国家方针政策的言行。

二、爱岗敬业。忠诚于人民教育事业，志存高远，勤恳敬业，甘为人梯，乐于奉献。对工作高度负责，认真备课上课，认真批改作业，认真辅导学生。不得敷衍塞责。

三、关爱学生。关心爱护全体学生，尊重学生人格，平等公正对待学生。对学生严慈相济，做学生良师益友。保护学生安全，关心学生健康，维护学生权益。不讽刺、挖苦、歧视学生，不体罚或变相体罚学生。

四、教书育人。遵循教育规律，实施素质教育。循循善诱，诲人不倦，因材施教。培养学生良好品行，激发学生创新精神，促进学生全面发展。不以分数作为评价学生的唯一标准。

五、为人师表。坚守高尚情操，知荣明耻，严于律己，以身作则。衣着得体，语言规范，举止文明。关心集体，团结协作，尊重同事，尊重家长。作风正派，廉洁奉公。自觉抵制有偿家教，不利用职务之便谋取私利。

六、终身学习。崇尚科学精神，树立终身学习理念，拓宽知识视野，更新知识结构。潜心钻研业务，勇于探索创新，不断提高专业素养和教育教学水平。

全美教育协会（NEA）《教育专业伦理典章》③

（*Code of Ethics of the Education Profession*）

典章导言

因为相信每个人享有其价值和尊严，所以教师的第一天职即为求索真理，达至卓

---

① 黎琼锋. 从规约到自律：教师专业道德的建构［J］. 教育发展研究，2007（1A）：36.

② http：//www. gov. cn/gzdt/2008 –09/03/content_1086349. htm.

③ http：//wenku. baidu. com/link?url = DYaT8trG_NNmSyTWdHdpSan-AeshN51DYEYe4R8jTuDHZ_D8GYwWH91OMAxnQx7NwuJ2nAJ--A7Timu9rl – zct9To79_9YXRf49awEzapee.

越，孕育民主。要达成这些目标，核心是确保学与教的自由，让每个人都享有平等的受教育权。为人师者的责任就是以最高的标准恪守这些伦理原则。

教师无不认为其责任蕴含在教学过程之中。教师之所以要追求并维持高标准的道德行为，动机便是出于对同事、家长和社区的尊重和信赖。《教育专业伦理典章》既是全体教师的抱负，也为其行为提供了评判依据。

全美教育协会提出的具体条款及因为违反条款而应受于惩罚的补充规定具有全部法律效力。未经协会许可，不得擅自变更。

典章Ⅰ　对学生的义务

教师应努力帮助每一位学生，挖掘其潜力，实现其理想，成长为有价值的公民。因此，教师工作就是要激发他们的质疑精神，提高其理解和获取知识的能力，精心设计出有价值的目标。对于学生，教师的义务是：

1. 不应毫无理由地限制学生的独立学习和探索；

2. 不能毫无理由地阻止学生获得不同的观点；

3. 不能蓄意歪曲或压制学科知识，影响学生的进步；

4. 保护学生的学习、健康和安全，免受不利因素的影响；

5. 不应故意羞辱或贬低学生；

6. 不应歧视学生，包括种族、肤色、宗教、性别、民族、婚姻、政治或宗教信仰、家庭、社会和文化背景等；

a）不得阻止任何学生上课；

b）不得剥夺任何学生的权益；

c）为学生提供任何便利条件。

7. 不应利用专业关系之便，谋取私利；

8. 不应泄露学生的任何信息，除非这种公开，有充分的专业理由，或者为法律所许可。

典章Ⅱ　对教育专业的义务

公众普遍认为教育职业是值得信任的，具有高度的责任感，这就要求教师具备最高的专业服务理想。

公众认为，教育职业的服务质量直接影响着国家的发展和公民素质的提高。教师应该尽力提升专业标准，积极营造氛围，鼓励教师进行职业判断的训练，创造条件吸引值得信仰的人加入到教师队伍当中，力争将不合格的人阻挡在教育专业门外。

为了履行教育专业义务，教师：

1. 不应该在申请教师职位时故意作出虚假陈述或者故意隐藏与其能力和资格相

关的事实；

2. 不应该谎报其职业资格；

3. 不应该帮助明知在性格、教育背景或者其他相关品质方面不适合教师的人进入教师队伍；

4. 不应该故意对教师职位的候选人资格发表错误评判；

5. 不应该帮助不合格教师从事未经授权的教学活动；

6. 不应该利用工作之便公开同事信息，除非是出于专业需求或者为法律所允许；

7. 不应该故意对同事发表错误的或者恶意的言论；

8. 不应该利用工作之便公开学生信息，除非是迫于专业需求或为法律所允许。

行动与思考：请查找你们国家的教师职业道德规范，并与美国、中国的教师职业道德规范对比一下，通过对比总结，你认为教师职业道德应该包括哪些方面？

（四）个人修养

教师不仅要严格遵守国家、社会、教师职业所赋予的职业道德，而且要具备良好的个人品行。这些良好的个人品行包括乐于助人、和蔼可亲、热情待人、尊重他人、善解人意、一视同仁、诚实、温和、耐心、严于律己等。只有具备了这些品行，教师才能与学生建立起良好的师生关系，才能在学生面前为人师表。

小辩论：你认为老师该不该爱学生？有些学者认为“老师可以不爱学生，但一定要按专业标准做好教育工作。有些人一听就觉得大逆不道。其实道理很简单：爱是个人感情。个人感情应该跟专业工作分开。有些学生就是不可爱的，但老师还是要按专业标准给他们提供服务。……个人感情会波动，爱是不稳定的。如果把老师的爱当作工作的基础，那么，学校的教育质量就会变来变去”①。

第二节　学生

学生是学校教育中的基本要素之一。从某种程度上来说，没有学生，教师的存在就没有意义。了解学生的本质属性以及影响学生发展的因素，对于学校和教师如何管

① 袁征．中国孩子不傻，父母却不那么机灵［EB/OL］．（2016－08－29）．http：//dajia. qq. com/original/category/yz201608 29. html？pgv_ref＝aio2015&ptlang＝2052.

理和促进学生发展，是非常必要的。

一、学生的本质①

1. 学生是人

谁都知道，学生是人。但在实际的教育过程中，有些人却忽视了这一点。作为人，与动物不同的是，学生具有丰富的情感，具有自己的需要、愿望和尊严。在教育过程中，学生不是任人摆布的附属品，他具有能动性，不是消极被动地接受改造，他可以自觉参与到教育过程中去，与教师共同完成教育的过程。因此，作为教师，应该清楚学生的情感需要，要充满情感地投入到教育过程中，尊重学生，爱护学生，采取各种方式激发学生的能动性，而不是像马戏团的驯兽师那样，当动物表现不好时，就对动物进行惩罚。

神奇的糖果和贴纸②

场景一：某小学六年级的华文课堂上，每当一个学生回答了老师提出的问题，老师就从口袋里掏出一颗糖果放在这个学生的桌子上，对学生的回答不做任何评价。别的学生看到这个学生由于回答问题得到了老师的糖果，都非常积极地争抢着回答老师的问题。每当一个学生回答了问题，不管答对与否，老师都同样在他的桌子上放一颗糖果，不做任何评价。这个方法使得这个班级的课堂纪律和课堂气氛都非常好。

场景二：某幼儿园中班，孩子们坐在座位上跟着老师读汉语拼音。认真读的孩子就能得到一枚贴纸。读错了或者不认真读的孩子，就得不到贴纸。对于一些注意力不集中或者不能安静坐着的孩子，老师还会把刚才奖励的贴纸要回来。一节课结束了，有的孩子满胳膊上都贴上了贴纸，可以换到自己喜欢的礼物。有的孩子只得到了几枚贴纸，换不到自己喜欢的礼物。这时老师会提醒他，下次要认真听课，攒够了贴纸，就可以换到自己喜欢的礼物了。

思考与讨论：如何看待以上案例中老师的做法？

---

① 史小力. 新编教育学［M］. 南昌：江西高校出版社，2009：85－86；教师招聘考试研究中心. 教育理论综合［M］. 福州：福建教育出版社，2012：43－45；张忠华. 教育学原理［M］. 北京：世界图书北京出版公司，2012：264－265.

② 该案例根据相关课堂实录改编而成。

2．学生是发展中的人

学生处于发展之中，他们的品德、观念、性格、习惯等都还处于易变的阶段。他们将会朝着哪个方向发展，都还是个未知数。作为教育者，应该把学生作为一个发展中的人来对待，要理解学生的不足与缺点，允许学生犯错，并努力帮助学生改正错误；同时关注学生的优点并及时给予鼓励和引导，使学生朝着积极的方向发展。

3．学生是完整的人

学生是有着丰富个性的完整的人。教育所要实现的是人的全面发展。因此，教育过程并不是单纯的知识传授和技能训练，而是一个集合了学生情感、意志、需求、意愿等各个方面的综合过程，是学生整个身心全面参与的过程。作为教育者，不能割裂学生的整体性，不能仅看重知识和技能，而忽略了学生的其他方面。

4．学生是独特的人

学生的独特性主要体现在两个方面：一是这个学生与其他任何一个学生都不一样。教育者应该认识到这一点从而尊重学生差异。二是学生作为未成年人与成年人之间的差异。学生在观察、思考、选择和体验等方面，都与成人有明显不同。因此，教育者在教育过程中，应当把学生当成孩子，应该适应学生的实际情况，而不应该把自己的意志、知识强加给学生。

5．学生是责权主体

学生是法律上的责权主体。由于学生是权利主体，学校和教师要保护学生的合法权利。由于学生是责任主体，学校和教师要培养学生的责任心，让学生学会承担责任。

二、学生的权利和义务

1989 年 11 月 20 日，在第 44 届联合国大会上，《儿童权利公约》获得一致通过。该公约详细规定了儿童的相关权利，其中第 28 条规定，缔约国确认儿童有受教育的权利。相应地，很多国家也对教育系统中的学生权利进行了立法。下面以中国为例，说明学生的权利和义务。

1．学生的权利

《中华人民共和国教育法》第 42 条规定受教育者享有以下权利[①]：

（1）参加教育教学计划安排的各种活动，使用教育教学设施、设备、图书资料；

---

① http：//www. gov. cn/banshi/2005 -05/25/content_918. htm，2019 -03 -02.

（2）按照国家有关规定获得奖学金、贷学金、助学金；

（3）在学业成绩和品行上获得公正评价，完成规定的学业后获得相应的学业证书、学位证书；

（4）对学校给予的处分不服向有关部门提出申诉，对学校、教师侵犯其人身权、财产权等合法权益，提出申诉或者依法提起诉讼；

（5）法律、法规规定的其他权利。

作为教育者，应该对以上法律条款以及相关规定有详细的了解。同时，教育者也要引导学生明确自己的权利，以便更好地完成教育过程。

2. 学生的义务

法律在规定了学生权利的同时，也规定了学生的义务。《中华人民共和国教育法》第43条规定受教育者应当履行下列义务①：

（1）遵守法律、法规；

（2）遵守学生行为规范，尊敬师长，养成良好的思想品德和行为习惯；

（3）努力学习，完成规定的学习任务；

（4）遵守所在学校或者其他教育机构的管理制度。

作为教育者，应该在教育过程中保持法律意识，及时引导学生自觉遵守国家法律和学校相关规约。

行动与思考：查找你们国家的教育法，说说其中对学生的权利与义务有哪些规定？

第三节　师生关系

师生关系是学校中最主要的人际关系，它影响教学效果、影响学生发展进而影响学校发展。因此了解理想师生关系的特征并积极建立良好的师生关系是非常必要的。

一、师生关系的历史变化

从古至今，从传统到现代，在不同的历史时期，教师与学生之间的关系具有不同

① http：//www. gov. cn/banshi/2005 –05/25/content_918. htm，2019 –03 –02.

的特征。

1．“以教师为中心”的师生关系

在以教师为中心的师生关系中，教师是绝对权威，学生对教师的话要完全服从，一旦违背教师的意愿，就很有可能受到惩罚。教师和学生之间基本上互不信任，因此师生关系紧张。

讲台上的煤球①

一位中国初中历史老师非常严肃地喊了一声“上课”，学生立刻整齐地起立并且大声喊“老师好”。老师板着脸说了声“坐下”之后，把自己的帽子放在了讲桌上。恰巧来了一阵风，把帽子吹下了讲桌。有一个学生飞快地跑过去捡起了帽子，恭敬地放在了讲桌上。没想到老师却凶巴巴地说：“谁让你离开座位的，回去！”学生准备把帽子放在地上之后，再回到座位上。他正要转身，老师又凶巴巴地说：“我的意思是让你把帽子放在讲桌上之后再回去！”学生回到了自己的座位上，老师开始在黑板上写字，一边写一边不时地扭过头来看看学生坐好了没有。整个教室里鸦雀无声，每个学生都坐得笔直。老师板书结束，开始面无表情地讲课。他可能觉得今天的学生听课太认真了，有点儿不太相信自己的眼睛，于是看了一下讲桌——他的帽子里放满了黑黑的煤球。这位老师一下子火冒三丈，拍着桌子大喊：“都把手伸出来！”学生们乖乖地把手伸出来，手都是干净的，没有一个孩子承认是自己把煤球放进帽子里的。这位老师越来越生气，最后走到讲桌前，一边用书摔桌子，一边不停地大声喊：“课不上了，我要查清楚！我要查清楚！”

在这个案例中，教师是绝对的权威。即使他在板书时，学生们也不敢说一句话，坐得笔直笔直的。教师还不时地转过身来看看学生有没有捣乱。然而，教师稍不留神，学生就在他的帽子里放满煤球。很显然，教师和学生之间互不信任，互不尊重。

2．“以学生为中心”的师生关系

与“以教师为中心”的师生关系相比，“以学生为中心”的师生关系强调学生的中心和主体地位，教师在教育、教学过程中仅仅起到辅助作用。这种师生关系在一定程度上缓和了教师与学生之间紧张的关系，但是由于太过强调学生的中心地位，反而忽视了教师应有的职责和权利。历史证明，很多教师在“以学生中心”的师生关系中无所适从，课堂秩序混乱，教学效果低下，最后让整个教育陷入放任自流的状态。

① 该案例根据中国电影《阳光灿烂的日子》中相关片段改编而成。

3. “以教师为主导、以学生为主体”的师生关系

针对以上两种师生关系的优缺点，中国教育界提出了新的看法，主张师生关系应该“以教师为主导、以学生为主体”。这种师生关系强调学生的主体地位，同时强调教师的主导地位。

4. “教师和学生同为主体”的师生关系

教师和学生都是教学的主体，两者相互尊重、平等相处、真诚相待、相互评判、共同分享。

思考：你比较赞同什么样的师生关系？为什么？

二、建立良好的师生关系

教师要想取得好的教学效果，首先要转变教育观念，转变对师生关系的看法。因为师生关系观的变化会影响到教学方法、教学组织形式等方面。很多事实证明，良好的师生关系是教育、教学顺利进行的保障之一，建立良好的师生关系非常重要。

1. 深入了解学生

作为教师，要想与学生有良好的关系，首先要深入了解自己的学生。

让我流泪的答卷

期末考试结束了，今天我要改《汉语交际Ⅰ》的试卷，需要认真听完每个学生的录音并给出分数。我听得很顺利，忽然听到一个哭泣的声音——一个学生一边哭一边介绍自己的爸爸。我听了一会儿，竟然也流下泪来。原来他爸爸在他很小的时候就去世了。我多么后悔，我在带他们学习某一课时，竟然让他来介绍他的爸爸，他当时好像也哭了，我却没有好好安慰他。听完他的录音，我才知道他的内心一直都是那么难过。我不是这个班的班主任，之前并没有好好了解学生家里的具体情况，这真是一个大失误。如果我事先了解过他的情况，我绝对不会让他来介绍他爸爸。虽然后来我找过他，好好安慰过他，但直到现在，每次想起这件事，我都觉得很内疚。我一直想对他说：“事情都过去那么久了，你快乐幸福地生活，就是对爸爸最大的爱。要好好爱自己。”同时我也时刻提醒自己，无论教哪个班，都要认真了解每个学生的情况。

在以上案例中，这位教师以为自己不是班主任，就没必要了解学生的实际情况，结果却对学生造成了很大的伤害。实际上，作为教师，要想有针对性的教学，就必须

了解学生的实际情况。学生的情况包括很多方面，比如学生个人的身体情况、学习态度、道德品质、学习方法、人际关系，班级集体方面的班风、学风等，都需要教师去深入地了解。

2. 树立正确的学生观

学生观是指对学生最基本的看法。这个基本看法决定了教师会如何对待自己的学生。教师应该清楚学生有巨大的发展潜力，有正当的权利，有思想、有情感、有主动性，因此，教师应该用发展的眼光对待学生，理解学生的思想和情感，激发学生学习的主动性。

3. 尊重、热爱、公平对待学生

老师只有充分尊重学生，才能赢得学生的尊重；只有热爱学生，才能让学生热爱老师；只有公平对待学生，才能让所有学生都能感受到老师的爱和尊重。

4. 提高自我修养

一位修养好的教师才能受到学生的尊重和热爱。修养好的教师有耐心、心胸豁达、情绪稳定，能够理解和包容学生的缺点。

教师除了要注意以上几个方面之外，还应特别注意对学生的引导，引导学生学会理解、尊重和宽容他人，当然包括理解和尊重他的老师。这样，教师和学生双方互相理解和尊重，自然能建立起良好的师生关系。

思考与作业

1. 在现代社会，教师在学校主要扮演哪些角色？
2. 一个合格的教师应该具备哪些素质？
3. 影响学生发展的因素有哪些？
4. 教师可以通过哪些方面来提高自己的专业素质？
5. 学生的本质体现在哪些方面？
6. 从古至今，教师与学生之间的关系发生过哪些变化？
7. 如果你是教师，你将如何建立良好的师生关系？

反思与探究

1. 你认为什么样的教师才算是合格的教师？你可以采访一部分教师和学生，了解一下他们的看法有什么不同，并思考产生这种不同的原因。

2. 你认为影响师生关系的因素有哪些？请在你的同学中做一个简单的访谈或者问卷调查，并写一份简单的调查报告。

3. 请采访一位教师，记录一个有关师生关系的案例。

拓展阅读

1. 李定仁，肖正德. 20世纪西方师生关系观：回溯、反思与重构［J］. 外国教育研究，2006（11）：7－12.

这篇论文比较详细地介绍了20世纪西方的师生关系，特别是“学生中心论”和“教师中心论”的变化发展历程，对我们了解师生关系的变化发展过程并重建现代社会的师生关系有很大帮助。

2. 丁笑炯. 关于以学生为中心的教学理论与实践的反思——来自西方的经验［J］. 全球教育展望，2005（11）：39－44.

这篇论文回顾了美国以学生为中心的教学理论及实践的两次起落，用美国的教学实践证明了“以学生为中心”的缺点。

3. 靳玉乐，张家军. 论理解型师生关系的建构［J］. 教育研究，2004（11）：57－62.

这篇论文认为理解型的师生关系是“我”与“你”的平等对话关系。教师只有树立正确的学生观，并从“道德危境”入手，在理想的沟通情境下通过与学生对话，才能达到与学生的“视野融合”，真正建立起理解型的师生关系。

第四章 课程

学习目标

1. 掌握课程的概念，了解隐性课程的含义及其对学校教育的影响；

2. 了解从古至今课程概念发展变化的原因及其对教育的启示；

3. 了解课程的主要类型，并能结合实际分析各类型课程的适用性；

4. 了解课程资源包含哪些方面以及如何搜集和利用各类课程资源；

5. 掌握学科中心课程论、儿童中心课程论、社会中心课程论、人本主义课程论、多元文化教育课程论、建构主义课程论的基本内容并能对其进行科学的分析和评价；

6. 了解校本课程的含义并掌握校本课程开发的程序。

教学建议

1. 本章的重点是“课程的概念”“课程的类型”和“课程理论”。

2. 用“课前思考”引导学生理解课程概念。

3. 结合相关课程实例引导学生理解课程的类型有哪些。

4. 通过小组讨论、查看相关教材引导学生理解各派课程理论的观点及其适用性。

5. 结合某些学校校本课程开发的实例引导学生理解校本课程开发的过程和方法。

课前思考

1. 你认为课程包含哪些内容?

2. 你是否认为如果每位教师对课程的看法不同，他们就会有不同的教学行为?

3. 你是否认为如果每位教师对课程的看法不同，那么针对同一门课程，他们就会编出不同的教材?

4. 课程设置的依据是什么?

这一章将带着以上问题，学习和探讨课程的概念，了解从古到今课程概念的发展变化过程，明了课程的类型和结构，探讨课程设置的理论基础，了解校本课程的含义及其开发程序。

第一节　课程的概念及其发展

一、课程的概念

1．有关课程概念的种种说法

在现代汉语中，“课”指功课，就是“教学内容”的意思；“程”有进程的意思。因此，课程就是指功课的进程。

英文“课程”（curriculum）一词来源于拉丁语，原意是“跑马道”（racecourse）。在跑马道上，骑手要沿着规定的跑道，跑到终点。学校课程就像跑道一样，一段接一段。学生按照学校的相关规定跑向终点，完成一段又一段的学习内容，最终获得文凭。从这个方面看，“课程”就是“学习的过程”。这是课程最初的含义。由此看来，现代汉语中的“课程”与英语中的“课程”在含义上是一致的。

美国的一位学者说过，在欧美，“课程”是一个用得最普遍，也是定义得最差的教育术语。《国际教育百科全书》列出了“课程”的九种定义。美国芝加哥大学曾经有人写过一篇关于“课程”定义的博士论文，其中搜集的英文“课程”定义就有40多种。

蔡斯和麦克尼尔的“课程”定义比较①

蔡斯列举的“课程”定义	麦克尼尔列举的“课程”定义
课程是学习方案； 课程是学习内容； 课程是有计划的学习经验； 课程是在学校的领导下“已经获得的经验”； 课程是预期的学习结果的构造系列； 课程是书面的活动计划	用来编制学习时所凭借的作品、书籍和材料的一套指南； 一种活动方案，一张列有课程、单元、课题和内容的表； 学校指导的所有学习活动； 人们决定教什么的过程； 用于课程编制的过程研究； 学习者在学校实际上学习的内容； 人们为学习者规划的学习内容

① 陈桂生．变化中的“课程”概念［J］．江苏教育学院学报（社会科学版），2007（3）：10.

不过，把众多的观点综合起来，大致可以分为两类：一类是以“教学科目”为特点的狭义课程观，一类是以“学习者全部学习活动”或“学习者在学校环境中获得的全部经验”为特点的广义的课程观。① 现在，第二类观点已经被越来越多的人所接受。当今课程已经从“学科学习内容”，发展成为“在学校安排指导下，学生为达到教育目标所从事的一切学习活动”。这种发展方向不仅扩展了课程的范围，也代表着教育思想的重大变化。即学生在学校里不只是学习知识（科目），不只是受到知识的影响，一切改变其行为的经验都会对其产生影响，这也是课程的一部分。

2. 狭义的课程和广义的课程

根据以上各种说法，课程可分为狭义的课程和广义的课程。狭义的课程是指学校为实现培养目标而开设的所有学科或科目的总和。广义的课程是指在学校安排指导下，学生为达到教育目标所从事的一切学习活动。广义的课程，除了学校的课程表所列出的学科课程之外，还包括各种各样的活动以及不知不觉地影响着学生发展的隐性课程。

二、隐性课程——课程概念的扩展

1. 隐性课程的提出

“隐性课程”是从英文词语翻译过来的。在英文中，用得最普遍的词语是 hidden curriculum，还有 invisible，covert，informal curriculum，latent 等词语。因此，在中国也有“隐蔽课程”“非正式课程”“潜课程”“潜在课程”等词语。

有关“隐性课程”这一概念的提出者，有两种说法：一说是美国的杰克逊（P. Jackson）1968 年在其《课堂中的生活》（*Life in Classroom*）一书中提出；另一说是 1970 年由美国的奥弗利（N. V. Overly）在其所编的《自发课程：及其对儿童的影响》（*The Unstudied Curriculum：Its Impact on Children*）一书中提出。② 杰克逊提出隐性课程时认为，学生在读、写、算或者其他学术课程上的进步并没有完全说明学校教育的结果。除了这些以外，学生还从学校生活的经验中获得了态度、动机、价值观和其他心理状态的发展。这些非学术的教育结果比学校教学更具有影响力。③ 杰克逊将这种非正式的文化传递称为隐性课程。

---

① VAN S，RICHARD D. Foundations of education：social perspective［M］//张人杰. 大教育学. 广州：广东高等教育出版社，2003：286.

② 施良方. 课程理论：课程的基础、原理与问题［M］. 北京：教育科学出版社，1996：265.

③ 刘根平，黄松鹤. 潜课程论［M］. 沈阳：辽宁教育出版社，1992：69.

思考与讨论：你认同杰克逊的主张吗？为什么？

2. 隐性课程的特点

根据隐性课程的各种定义，有学者总结了隐性课程的特点：①

（1）隐性课程存在于学校范围之内，与显性课程（学校里有计划、有目的、公开的正式课程）相对。

（2）隐性课程是以无意识、非计划的方式影响学生的。

（3）隐性课程对学生的影响不限于知识，还包括情感、意志、价值观、行为规范、态度等方面。

（4）隐性课程发挥作用时具有隐蔽性。

3. 隐性课程的概念

从以上内容可以给隐性课程下这样的定义：隐性课程是指在正规教学内容以外，不知不觉地对学生起到教育影响的那些内容。它通常包括学校环境、班风、学风、人际关系、礼仪习惯、教师的语言与态度等。

第二节　课程的类型

研究者们针对不同的标准对课程进行了多方面的分类。总的来说，课程可以分为以下几种类型：

一、课程的一般分类和专门分类

（一）一般分类

课程的一般分类可体现在六个方面：知识的分科、教育的层次、教育的领域、教育的历史发展过程、课程的开发过程、课程的制定者与管理者。

按照知识的分科，课程可分为各个学科的课程，比如语文、数学、历史、地理、物理、化学、音乐、美术等；按照知识的学科属性，课程可分为科学课程、人文课程和社会课程三大类。

按照教育的层次，课程可分为幼儿园课程、小学课程、中学课程、大学课程、研

① 张人杰．大教育学［M］．广州：广东高等教育出版社，2003：287．

究生课程等。

按照教育的领域，课程可分为德育、智育、体育、美育、劳动技术教育的课程等。

按照教育的历史发展过程，课程可分为原始、古代、近代、现代、未来的课程。

按照课程的开发过程，课程可分为理想的课程、正式的课程、领悟的课程、观察的课程、体验的课程。

按照课程的制定者与管理者，课程可分为国家课程、地方课程和学校课程。

（二）专门分类

专门分类即根据特定的标准进行分类，这些标准包括价值取向、学生选择的自由程度、课程存在形式、课程结构等。

根据价值取向，课程可分为社会本位课程、知识本位课程、儿童本位课程。

根据学生选择的自由程度，课程可分为必修课和选修课。

根据课程存在形式，课程可分为隐性课程和显性课程。

根据课程结构，从横向结构上，课程可分为分科课程、关联课程、融合课程、广域课程、科际课程、超学科课程等。从纵向结构上，课程可分为直线型课程、圆周型课程、螺旋型课程和阶梯型课程。

二、几种主要的课程类型

在现代学校，有学科课程与活动课程、必修课程与选修课程、显性课程与隐性课程、核心课程与外围课程、普通课程与专业课程等几种主要课程类型。以下将介绍必修课程与选修课程、普通课程与专业课程、显性课程与隐性课程。其他的课程类型将在第四节介绍。

（一）必修课程与选修课程

具体的课程是社会意愿与学生选择的统一。必修课程代表社会的意愿，选修课程则给予学生一定的选择自由。

1．必修课程

必修课程（compulsory subjects，obligatory courses，compulsory curriculum）是一个教育系统或教育机构法定性地要求全体学生或某一学科专业的学生必须学习的课程种类。必修课程的根本性质是强制性，是国家和社会权威在课程中的体现。

在高等教育领域，必修课程一般分为公共必修课程和专业必修课程。专业必修课程又分为基础课程、专业基础课程和专业课程。在基础教育中，必修课程又分为国家必修课程、地方规定必修课程和校定必修课程等。

2. 选修课程

选修课程（optional subjects，selected courses，optional curriculum）是一个教育系统或教育机构里法定性的，学生可以按照一定规则自由选择学习的课程种类。

选修课一般分为限定选修课与任意选修课两类。限定选修课是指在规定的范围内，学生按一定的规则选择学习的课程。比如，学生必须在若干组课程中选修一定组数的课程，或在若干门指定的课程中选修一定门数的课程。任意选修课程则是不加限制、由学生自由选择学习的课程。

在课程体系中，选修课和必修课所占的比重视具体情况而定。

一般来说，培养目标的宽窄与选修课的比例成正比。在中央统一型国家，选修课程的比例低；在中央、地方、学校分权型国家，选修课比例居中或偏高；教师质量高和数量多的地方，选修课的比例会偏大。

思考与讨论：你认为影响选修课程比例的因素还有哪些？

（二）普通课程与专业课程

从整体上看，教育可分为普通教育和专业教育。与普通教育和专业教育分别相对应的课程就是普通课程和专业课程。

普通教育（general education）又叫通识教育、综合教育、全面教育，是指学校中开展的科学、社会、人文基础知识和基本素养的教育。普通教育的目的在于为学生提供完满生活所需要的价值观念、态度、知识和技能。

专业教育（professional education）是指培养专门人才的教育，它是为学生从事某一领域工作所需要的知识和能力做好充分准备的教育。

1. 普通课程

普通课程就是为使学生获得基本文化科学素养，促进个性健康发展，增强未来工作适应性而构建的各种学科、教育和教学活动的总和。普通教育的提倡者认为，学校有责任通过教育使学生获得广博知识，学校不仅仅是一个为未来工作做准备的地方。普通课程可以有效地把学生培养成为有社会责任感的公民，可以持续不断地把学生培养成为能深刻理解社会和文化的有教养的人。

2. 专业课程

专业课程是指直接为学生未来职业做准备而设置的各种专门学科领域的课程，可以分为专业基础课和专业课两大类。跟专业课程相关联的职业课程，更强调与经济和社会发展背景中具体工作岗位的需要对应，强调学生职业技能的获得。

思考与讨论：你认为普通课程和专业课程哪个更重要一些，为什么？

（三）显性课程与隐性课程

显性课程与之前提到的隐性课程相对，也叫正规课程、官方课程等，指的是为实现一定的教育目标而列入学校正式教学计划的各门学科以及课外活动。

三、五种不同层次的课程

美国课程学者古德莱德（J. I. Goodlad）把课程从专家设计到学生接受，划分为五种不同的层次：理想的课程、正式的课程、领悟的课程、操作的课程、经验的课程。①

理想的课程（ideological curriculum）：即课程专家依据一定的教育思想设计出来的课程；

正式的课程（formal curriculum）：即国家或地方教育委员会认可颁布的课程，也就是学校课程计划中的官方课程；

领悟的课程（perceived curriculum）：即教师按照自己的理解而努力去实施的课程；

操作的课程（operational curriculum）：即我们所能观察到的在课堂中实际实施的课程；

经验的课程（experiential curriculum）：即学生实际领悟到并作出反应的课程。

这种课程划分方式是在启示人们，课程不仅仅指制度和文本层面的课程，而且包括了从教师领悟到学生体验的一系列过程。

第三节　课程资源

课程资源（curriculum resources）是课程设计、编制、实施和评价等整个课程发展过程中可利用的一切人力、物力以及自然资源的总和。② 它主要表现为各种各样课

---

① 施良方. 课程理论：课程的基础、原理和问题［M］. 北京：教育科学出版社，1996：9.

② 张乐天. 教育学：新编本［M］. 北京：高等教育出版社，2007：175.

程材料的实物形式，如课程计划、课程标准、课程指南、教学用书、参考资料、学习辅导材料和练习册等纸张印刷制品和电子音像制品等。①

一、课程计划

课程计划在欧美国家被称为教育计划或教育标准（educational programmes or standards），是指国家教育主管部门针对有关学校教育和教学工作而制定的指导性文件。

早在17世纪的欧洲，夸美纽斯就在《大教学论》中针对学校工作提出“一切应学的科目都应加以排列，使其适合学生的年龄……把一切有关的部分按照它们的数目大小和重要的程度安排起来……把时间、科目和方法巧妙地加以安排”，这实际上就是在说明学校制订课程计划的必要性。

在中国，1902年，清政府颁布了《钦定学堂章程》，中国出现了近代的课程计划。新中国成立后，教育界一直采用“教学计划”这一名称。“教学计划”原指教师一学期或一学年的教学目标、教学内容和教学进度的安排。1992年，国家教委颁布《义务教育全日制小学、初级中学课程计划（试行）》，首次将“教学计划”恢复为“课程计划”。目前，中国全日制中小学的课程计划由指导思想、培养目标、课程设置、考试考查、课程实施五大部分组成。其中课程设置是课程计划的核心内容。

行动与了解：请查找《义务教育全日制小学、初级中学课程计划（试行）》这一文件，了解课程计划的结构及内容。

行动与思考：请查找你所在的国家是否有详细的国家课程计划？你认为一个国家需不需要制订国家层面的课程计划？为什么？

二、课程标准

课程标准（syllabus）是指以课程计划为依据，以纲要的形式，针对各门课程所编订的指导性文件。每门课的课程标准会明确指出该门课程的学科性质、基本理念、设计思路、课程目标，并对课程如何实施提出建议。

课程计划规定了课程门类及课时分配，而课程标准则是根据课程计划来确定学生

① 吴刚平. 课程资源的理论构想［J］. 教育研究，2001（9）：60.

预期的学习结果，它是教材编写、教学、评估和考试命题的依据，也是国家管理和评价课程的基础。

一般来说，国家课程标准的框架包括前言、课程目标、内容标准、实施建议、附录五部分。

行动与思考：请查找中华人民共和国教育部《义务教育语文课程标准》（2011 年版），了解课程标准的内容，并比较课程标准与课程计划的异同。

三、教科书

教科书（textbook）又叫课本，中国人也常常称其为教材。它是用于课堂教学的课程专门用书。一般来说，教科书由专门人员编订，编订的主要根据是课程计划和课程标准。教科书基本上规定了教育的内容、目标和任务，是进行教学的主要依托。

四、教师指南

教师指南（teacher's guide）是帮助教师进行课程教学的工具。通常一本教师指南专用于一本特定的课本，比如针对华文教材《中文》而编写的《〈中文〉教学参考》（暨南大学华文学院、华文教育研究所主编，1996 年第 1 版），针对华文教材《汉语》而编写的《〈汉语〉教师手册》（北京华文学院主编，1998 年第 1 版）。但也有独立教师指南，比如德国教育家第斯多惠编著的《德国教师培养指南》、苏联教育家苏霍姆林斯基撰写的《给教师的建议》、美国学者唐纳德 · R. 克里克山克等撰写的《教师指南》等都是非常著名的教师指南。

行动与交流：在以上教师指南书目中任选一本，选取你感兴趣的内容读一读，然后在班上跟同学们分享心得，并说说教师指南的作用有哪些？

五、辅导资料

辅导资料是用于指导教师和学生掌握课本内容的各种材料。

辅导资料的主要作用在于解难答疑和提供成功经验。在理解课本内容的过程中，教师和学生都有可能遇到困难。教师的教需要一定的手段和方法、需要了解学生的背景知识；而学生的学需要学习和模仿他人，因此提供成功的经验很重要。

六、课程补充材料

课程补充材料是指教学活动使用的常规资料之外的特殊材料。

课程补充材料的内容主要包括“补充性的学习活动”“科目主题的改进”和“设备与用品”三类。①“补充性的学习活动”，比如，举办教学技能培训学习班和教学观摩等。“科目主题的改进”有“提供最新信息”“提出不同看法”和“拓展课目主题”三条基本途径，其主要来源有与课本内容相关的书籍、期刊、报纸、广播电视节目、影片、校外专家、名人与学者等。教学某一内容时可能还需要相应的“设备与用品”，如图表、幻灯、录音机、磁带、地图、实验仪器、多媒体平台等。有的需要教师自己设计与制作。②

七、网络课程

网络课程是为实现某学科领域的课程目标而设计的网络学习环境中教学内容和教学活动的总和。③

网络课程主要包括两个组成部分，即教学内容与网络教学支撑环境。教学内容是以知识点为基本教学单元，以文本、图像、动画、音频和视频为综合表现手段的课程内容。每一个教学单元的内容包含学习目标、课时安排、学习方法说明、教学内容、练习题、测试题和相关资源（包括相关文章、网站、视频、动画等教学资源）。网络教学支撑环境特指支持网络教学的教学资源、教学平台以及在网络教学平台上实施的教学活动。网络课程中的教学资源专指与网络课程相关的媒体素材、题库、课件、试卷、案例、文献资料、常见问题解答库和资源目录索引等资源；教学平台是支持网络课程教学活动的各个环节的教学软件工具，是一个集教学/学习、内容整合、网上辅导及讨论、自我测验于一体的系统平台。对于一门完整的网络课程，其在教学平台上实施的教学活动至少需要设计如下内容：实时讲座、实时答疑、分组讨论、布置作

---

① 江山野．简明国际教育百科全书［M］//黄甫全．现代课程与教学论．3版．北京：人民教育出版社，2014：61.

② 黄甫全．现代课程与教学论［M］．3版．北京：人民教育出版社，2014：61.

③ 武法提．论网络课程及其开发［J］．开放教育研究，2006（1）：69.

业、作业讲评、协作解决问题、探索式解决问题、练习自测、考试阅卷和教学分析等。①

21 世纪初，慕课（MOOC）在教学领域流行起来。慕课的意思是大规模开放在线课程（Massive Open Online Course），它以兴趣为导向，凡是想学习的，都可以注册学习。学习在网上完成，不受时空限制。edX（https：// www. edx. org/）、Coursera（https：//www. coursera. org /）等都是非常有名的慕课平台，学习者来自世界各国，人数众多。

行动与思考：查找相关资料特别是慕课的相关知识，说说你对网络课程的看法。

第四节　课程论的主要流派

课程论主要探讨课程设置的依据、课程设置的目标、如何组织和实施课程等。由于对这些问题的看法不一样，就出现了各家各派的课程论，即课程论流派。这一节将主要介绍学科中心课程论、儿童中心课程论、社会中心课程论、人本主义课程论、多元文化教育课程论、建构主义课程论六大课程论流派。

一、学科中心课程论

学科中心课程论是一种主张以学科为中心来编订学校课程的理论，在这种理论指导下设计的课程叫作分科课程。从中国古代的孔子，欧洲古代的亚里士多德，到近代捷克的夸美纽斯、德国的赫尔巴特和英国的斯宾塞等人，他们都是学科中心课程论的提倡者。直到现在，世界各国学校课程也大都采用学科课程。

1. 学科中心课程论的基本理念

学科中心课程论主张知识是学校课程的中心。学校应该坚持按照科目分类来设置课程，按照知识的逻辑顺序来组织课程。课程应该以学科分类为基础，以掌握基础知识、基本原理、基本技能为目标。这就意味着学科中心课程论所关注的是学生间接经验的获得以及认识能力的发展。

2. 学科中心课程论的流派

学科中心课程论主张从相关的科学领域选择部分知识作为学科的内容，并按照一

① 唐清安，等. 网络课程的设计与实践［M］. 北京：人民邮电出版社，2003：10－11.

定的结构和顺序加以组织。但是，选择什么学科，每门学科选择什么知识内容，以什么样的结构、顺序、方法组织教材，学科中心课程论的主张者内部也存在着不同的意见，也因此形成了多种不同的学科课程流派。其中最具代表性的两派是形式教育论和实质教育论。形式教育论（theory of formal education）主张，教育的目的不是传授知识，而是在于训练人的心理官能。因此，他们认为学校课程应开设古代语言（希腊文和拉丁文）、数学、逻辑等形式学科。实质教育论（theory of material education）则认为教育的主要任务是教给学生实际有用的知识，而在学生掌握知识的过程中，智力会自然发展起来，不需要把发展智力作为一个任务提出来，主张在学校课程中开设自然科学、现代语言等实质学科。这就形成了教育史上形式教育论与实质教育论的分歧和争论。

20 世纪以来，学科中心课程论又有了新的发展，形成了永恒主义（perennialism）课程论、要素主义（essentialism）课程论、结构主义（constructivism）课程论等诸多流派。最有影响的有布鲁纳（J. S. Bruner）的结构主义课程论、瓦根舍因（M. Wagenschein）的范例方式课程论和赞可夫（Занков Леонид Владимирович）的发展主义课程论。

美国教育家布鲁纳的结构主义课程论，主张课程内容以各门学科的基本结构为中心。学科的基本结构是由科学知识的基本概念、基本原理所构成，也包括掌握知识的方法和态度，强调采用发现法学习；在课程设计上，主张根据儿童智力发展阶段的特点安排学科的基本结构，认为“任何科目都能按照某种正确的方式教给任何年龄阶段的任何儿童”。

德国教育家瓦根舍因的范例方式课程论，主张教给学生基本知识、概念、基本科学规律，教学内容应适应学生智力发展水平和已有的生活经验，教材应精选具有典型性和范例性的内容。

苏联著名教育家赞可夫的发展主义课程论，强调“一般发展”。赞可夫认为课程内容需要有必要的难度；教材应该重视理论知识的作用；教材的进行应有必要的速度；教材的组织应该能够让学生掌握知识之间的相互联系；教材还应面向全体学生，特别要促进差生的发展。

思考与分享：你赞同学科中心课程论的主张吗？请说说学科中心课程论的优点和缺点。

二、儿童中心课程论

儿童中心课程论是一种主张以儿童从事某项活动的兴趣和需要为中心来组织课程的理论。该课程论的代表人物是美国著名的哲学家、教育家杜威。

1. 儿童中心课程论的基本理念

儿童中心课程论强调“以经验为基础”的课程理念。以“经验”为基础，杜威提出了四个基本命题：“教育即经验的不断改造或重组”“教育即生长”“教育即生活”“教育是一个社会的过程”。

2. 儿童中心课程论的课程设计

课程设计的中心：儿童中心课程论主张课程设计时应该以儿童的活动为课程的中心，而不是以学科为中心；

课程内容：主张以儿童的直接经验，而不是各门科学知识的间接经验作为教材内容；

课程选择和组织依据：主张选择和组织教材要依据儿童的需要和兴趣，强调对改善儿童生活立刻有用的内容；

课程编制顺序：主张教材的分类和排列强调儿童的心理结构。

在这种理论指导下设计的课程叫作活动课程。

行动与了解：请查找相关资料，了解以儿童中心课程论为依据所编制的课程都有哪些？

分组讨论：在学科中心课程论和儿童中心课程论两种课程理论中，你比较支持哪一种？为什么？

三、社会中心课程论

社会中心课程论是一种主张以某一社会生活主题为中心来编制课程的理论。它的重要流派是创立于20世纪30年代的社会改造主义课程理论。其代表人物有美国的康茨（G. S. Counts）、拉格（H. Rugg）和布拉梅尔德（T. Brameld）。他们认为，杜威的“进步教育”强调一点一滴的改良，这仅仅适用于“社会稳定”时代，但是世界动荡不安、充满各种严重的社会问题，学校教育应该成为改造社会、建立社会新秩序的工具。因此他们主张围绕社会改造的“中心问题”来组织学校课程。

1．社会中心课程论的基本理念

社会改造主义课程理论认为，教育的根本价值是社会发展，学校应该致力于社会的改造而不是个人的发展。为此，该理论批判儿童中心课程论过于注重学生的个人需要、兴趣、自由及活动而忽视了社会的需要，主张课程的最终价值是社会价值，课程是实现未来理想的运载工具。

2．社会中心课程论的课程设计

在课程的主要目的上，社会中心课程论认为，课程的主要目的不是学问、智力或人格的发展，而是要从社会需要出发，围绕社会需要和社会生活某一主题来编订各年级课程。而且设定课程目标的目的，不是让学生适应现存社会，而是要培养学生的批判精神和改造社会现实的技能。

在课程内容上，社会中心课程论主张各门学科的内容统一于“社会改造”，课程应该围绕一些重大社会问题来组织教学内容。

在课程编制顺序上，社会中心课程论主张按照解决实际问题的逻辑顺序而不是以学科知识的逻辑结构为主线来组织课程。它首先提出一个需要解决的问题，然后利用一切可利用的知识和技术去解决这个问题。在解决问题的过程中，一切有关的知识、经验、方法和手段都被重新组织和安排，学科界限和行业分工都被打破了。

在这种理论指导下设计的课程被称为“核心课程”（core curriculum）。即在编订课程的过程中，社会问题就像包裹在教学内容里的“果核”一样，因此又被称为“问题中心课程”（problem centered curriculum）。

思考与分享：你认为当今主要的社会问题有哪些？想一想以社会中心课程论为指导所设计的课程会有哪些？

四、人本主义课程论

20 世纪 50 年代，美国兴起了人本主义心理学浪潮。它强调研究人的主观体验、人的特性、人的存在、人的天赋潜能、人的价值与尊严等。1962 年，美国课程开发与督导协会发表的题为“感知、行为、生成：教育的一个新焦点”的年鉴开始为课程研究带来了人本主义心理学。在此后的十多年里，人本主义课程论成为一种占主流地位并产生很大影响的课程理论。①

① 王凤玉，单中惠．试论 20 世纪西方课程论的心理学走向［J］．教育研究，2008（5）：48.

人本主义课程论的基本内涵体现在以下几个方面：

1. 课程目标的取向：培育“自我实现”的人或“完整”的人

为了培养整体发展的学生，人本主义课程论反对片面追求学科知识的传统课程，要求构建注重学生整体发展的课程论，使课程内容从学科中心转向学生中心。他们认为课程的功能是要为每一个学生提供有助于个人自由和发展的、有内在奖励的经验。在他们所期望的东西中，包括对自己、同伴和学习有较健康的态度。培育自我实现的人这一理想，是人本主义课程的核心。

2. 课程内容的选择：适合学生的多种需要

人本主义课程论强调要以学生为主体，选择适合学生多种需要的学习内容，从而形成了与传统的“硬课程”模式相对应的一种“软课程”模式。这种模式要求选择课程内容一方面要适合学生的情感发展、认知满足、个人价值等内部需要，另一方面要适合在多元社会生活中必备的学术、技能、人际交往、经济生活等外部需要，体现出思维、情感和行动之间的相互渗透和相互作用。

3. 课程设置的特色：重视人文学科

一方面，人本主义课程论强调人文学科的重要性。在他们看来，历史、文学、哲学、艺术等人文学科比科学学科更能深刻地揭示人的本性，通过这些学科，人们对自己的认识更全面、深刻、真实。① 另一方面，人本主义课程论重视科学课程的人文价值。他们认为科学课程与人本课程两者不仅不存在冲突，而且是有可能整合的。从20世纪80年代起，西方教育界尤其是美国教育界在课程改革上开始出现一种融合倾向，以人本主义教育思想为基础对传统的科学教育进行改革，更加重视和强调科学课程的人文价值。②

思考与分享：想一想以人本主义课程论为指导所设计的课程会有哪些？

行动与分享：查找相关资料，总结一下人本主义课程论在教学方法上有哪些主张？你怎么评价这些主张？

五、多元文化教育课程论

20世纪60—70年代，欧美国家兴起了民权运动，这直接催生了多元文化教育。

---

① 阎乃胜，金林祥. 当代西方人本主义课程观对我国高校课改的启示［J］. 现代大学教育，2010（2）：99.

② 王凤玉，单中惠. 试论20世纪西方课程论的心理学走向［J］. 教育研究，2008（5）：49.

多元文化教育要求在教育中实现文化多元性、文化平等，倡导文化间相互容忍。美国的詹姆斯·A. 班克斯（James A. Banks）和英国的詹姆斯·林奇（James Lynch）是提倡多元文化教育的代表人物。

多元文化教育有着自己独特的课程理念，主要体现在以下几个方面：

（一）多元文化教育课程的目标

多元文化教育课程论主张，在多元文化背景下，课程目标应包括对多元文化的理解。即学校课程应反映每个儿童本民族的文化、历史、地理、风俗习惯、价值观等。通过对该课程的学习，学生应该形成接纳其他民族及文化的态度行为和价值观，获得多元文化知识与技能。

（二）多元文化教育课程的内容①

班克斯认为多元文化教育的课程内容不仅要体现在语言文学、历史等几门课程之中，也要贯穿于学校的学习中心、图书馆、资料中心等非正式课程中。为反映民族文化的多样性，学校的教室、会议室、餐厅、咨询中心以及课外活动计划的设计都要考虑到这方面的因素。

林奇认为，选择多元文化课程的内容必须包括三个方面：第一，内容上重视国际性，观点上注重全球性；第二，应该明确显示多元文化的社会及其多元的价值准则，承认并允许其他文化或民族的价值，改变用主体民族或主流文化的标准判断他们的传统，加强学生对不同文化的容忍和理解能力。第三，确立全球意识与环保意识。

（三）多元文化教育课程设计的主要途径

根据班克斯和林奇的主张，多元文化教育课程设计的主要途径从低级到高级分为以下几种：

1. 补救模式

补救模式，强调主流课程基本不变，以优势族群所定的文化为主，教学过程中可附加其他民族内容，但仅限于与民族事件和庆祝有关的特殊日子等。

2. 民族添加模式

民族添加模式，即不改变课程的基本结构、目的，将其他民族的内容、观点等添加进课程。这种模式允许教师在不重建课程的基础上将民族内容加入课程中。不过那些被选来学习的内容是用主流民族的观点来进行选择的。

3. 民族附加模式

民族附加模式，指以主流民族的观点为核心，把各民族的观点附加在主流观点

① 王侠. 西方多元文化教育理论的阐释［D］. 北京：中央民族大学，2005.

之中。

4. 民族模式

民族模式，指以社会或历史事件为核心，以各民族的观点来解释此事件。

5. 民族国家模式

民族国家模式，指学生通过多国家的观点学习社会或历史事件。

6. 社会行动模式

社会行动模式，是在之前模式的基础上，要求学生就他们学过的与民族相关的概念、问题作出决定并采取行动。行动重点在于探讨共同的文化和社会是如何经由不同文化因素而形成的。

7. 整体改革模式

整体改革模式主张改变整个学校教育及影响教育的相关因素，使学生认识和接纳文化多元性，包括改革正式课程、教学方法与策略、学校教育人员的态度与行动、学校政策、学校文化、评估和测验标准等。

思考与讨论：结合你们国家的实际情况，你比较赞同哪种模式？为什么？

六、建构主义课程论①

20 世纪 80—90 年代，以杜威、皮亚杰（Piaget）和维果斯基（Vygotsky）等人为代表的建构主义成为全球性的学术流派，对教育界产生深远影响。在对课程的看法上，建构主义主要体现在以下几个方面：

1. 课程内容是动态的

建构主义认为课程内容（知识）只是对客观世界的一种假说，不是对现实世界的准确反映。

2. 课程学习是学习者主动构建新知识的过程

建构主义认为既然课程内容是不准确的，是动态的，那就不能要求学习者被动地学习已经固定的知识，而是要让学习者利用本身已有的知识经验主动构建新知识。

3. 课程学习是在一定情境中通过协作完成的

建构主义认为在学习过程中，教师应该明确学生的主体性，并积极为学习者构建

① 薛国凤，王亚晖．当代西方建构主义教学理论评析［J］．高等教育研究，2003（1）：95－99；艾兴．建构主义课程研究［D］．重庆：西南大学，2007.

学习环境。学习主要是通过师生之间、生生之间的相互协作来完成的。

思考与讨论：你同意建构主义课程论的主张吗？为什么？

第五节　校本课程开发

第二次世界大战后，为提高教育质量，许多国家比如美国、英国、澳大利亚、加拿大等都建立了课程开发中心，在基础教育领域进行大规模的课程与教学改革。但国家课程开发模式并未取得预期效果，在这种情况下，人们开始关注校本课程开发。

一、校本课程开发的含义

校本课程开发（school-based curriculum development）简称SBCD，是学校为满足本校所有学生的学习需求，以国家或地方制定的课程纲要和课程标准为指导，依据学校实际情况，由学校成员志愿、自主、独立或与校外团体或个人研究者合作开展的一切形式的课程开发活动。① 它包括课程规划、实施和评价等多个方面。

具体来说，校本课程开发的内涵体现在以下几个方面：

（1）学校课程开发应该是学校自主或者自愿开展的。

（2）校本课程开发必须是跟课程有关的学校实践活动。如果不涉及课程内容，仅仅是改革课堂教学方法或者改革学校内部管理制度等，一般不属于校本课程开发。

（3）学校围绕校本课程开发所作出的任何决定等，都应该是在学校中进行的，而且必须考虑到学校各方面的实际情况。

二、校本课程开发的范围和方式

在范围上，校本课程开发可以是调整整个学校的课程体系，比如增减某些课程的课时、增减一些科目等，也可以是直接开发新课程。除了正式课程，学校也可以开发隐性课程，比如开展具有特色的实践活动，进行校园文化建设，等等。

---

① 徐玉珍．是校本的课程开发，还是校本课程的开发——校本课程开发概念再解读［J］．课程·教材·教法，2005（4）：8-9.

在方式上，校本课程开发有以下几种①：

（1）直接引入。如果有国家或者其他学校已经开发的课程，恰巧适合本校实际情况，则可直接将这些课程引入本校。

（2）调整或改编。对国家规定的课程、引入的校外课程或本校已有的课程进行调整或者改编。比如在不同的教材中选择适合本校的教学材料或者改进本校已有课程等。

（3）整合或创新。针对学生实际情况，可以整合同一科目内的不同内容，也可以整合不同的科目；或者学校自己开发新课程，包括学校自编教材或者设计活动主题等。

三、校本课程开发的模式

有学者总结了校本课程开发的四大模式："情境分析模式""学生需求模式""问题解决模式""目标主导模式"。②

（一）情境分析模式

情境分析模式指校本课程开发以分析学校的具体情况和特点为主要依据，具体步骤是：分析情境—拟定目标—构建课程方案—解释与实施—追踪和重建。这一模式主要考虑学校在现有条件下可以开发什么样的课程。这就需要考虑校外因素和校内因素。校外因素包括社会和社区环境的变化、家长的希望、就业部门的要求、教育政策的变化、社会资源等；校内因素包括学生的身心发展、兴趣、能力与需求等，教师知识、能力、态度、价值观与经验等，现有课程的优缺点，学校气氛与权力结构的关系，校内外相关资源的配合等。分析情境之后，才能拟定目标、构建课程方案、实施方案、进行追踪与重建方案等。

（二）学生需求模式

学生需求模式指校本课程开发以学生的实际发展需要为主要依据，具体步骤是：分析学生—分析资源与限制—拟定一般目标—拟定具体目标—确定方法与工具—评估学生的学习—分配资源、人员、设备与时间—实施评价与修订。分析学生时，应该了解学生的年龄、社会背景、知识与能力、兴趣与爱好等。围绕这个重点，再分析教师、经费、外部支持、家长与学生的反应、行政部门的反应、课程目标、评价工具和

① 靳玉乐．校本课程的实施：经验、问题与对策［J］．教育研究，2001（9）：54．
② 黄甫全．现代课程与教学论［M］．3版．北京：人民教育出版社，2014：291－293．

方法等。

（三）问题解决模式

问题解决模式指校本课程开发以解决课程问题为主要依据，具体步骤是：发现问题—分析问题—确立目标—寻找解决途径—找到解决对策—采用、改编现成课程或创新—使用—评价—继续采用。总之，校本课程开发首先应该考虑解决课程的问题。

（四）目标主导模式

目标主导模式指校本课程开发以学校的办学目标为主要依据。具体步骤是：成立课程开发负责机构—确立成员和开发程序—拟定目标与计划—实施开发。总之，该模式的一切工作都为目标服务。

四、校本课程开发的程序

校本课程开发的基本程序包括建立组织机构—情境分析—拟定目标—编制方案—实施方案—评价与修订六个方面。

（一）建立组织机构

校本课程开发需要先建立领导机构和工作小组，确保校本课程开发能够顺利进行。机构组成如下：①

1. 校本课程开发领导小组

学校首先应该成立校本课程开发领导小组，主要由校长、主管课程开发的副校长、主管课程开发的负责人以及教科研中心等学校主要领导部门的负责人组成。领导小组对校本课程开发作出正确决策，组织好人力物力，协调好各方面关系。

2. 校本课程开发指导组

成立总的领导小组之后，学校还需要成立校本课程开发指导组，由教科研中心的负责人和本校一些资深教师组成，必要时可聘请课程专家参与。指导组的主要任务是起草校本课程开发的总体方案，组织教师学习有关课程改革的重要文献和最新理论，帮助教师小组正确进行校本课程的设计，促进教师小组同校外专家的联系与合作，组织专题研讨与经验交流等。

3. 校本课程开发教师小组

学校应该按照校本课程开发的一个个项目（或科目）分别组建教师小组。教师小组的主要任务是学习课程改革的重要文献和最新理论，制订本科目的开发方案。

① 廖哲勋．关于校本课程开发的理论思考［J］．课程·教材·教法，2004（8）：13.

以上三个机构应组成一个有机的整体，最好建立起合理的规章制度，确保校本课程开发顺利进行。

（二）情境分析

情境分析主要考虑学校在现有条件下可以开发什么样的课程。在进行学校现状分析时，学校可以组织相关教职人员对学生及其家长甚至社区民众进行问卷调查或者访谈，对学生、家长、社区等各方面的情况有明确的了解；同时，还要调查和分析本校的各方面资源，包括师资、设备、经费、国家或者地区政策支持、社区资源支持等，在此基础上，确定校本课程开发项目。

（三）拟定目标

校本课程开发需要拟定总体目标和具体目标。总体目标是指导一所学校开发的整个校本课程在促进全体学生的认知、情感和行为的发展方面要达到的整体要求。在整体目标之下，又可制定出各类小目标。

（四）编制方案

校本课程开发方案应该包括课程开发的目的和依据，校本课程开发的总体目标，对教师申报具体课程开发的基本要求，课程设置的大致结构，学生选课指导等。还应说明教学活动设计、情境设计、人员安排，明确评价工具与方法等。

（五）实施方案

宣传相应的教育理念，营造校本课程开发氛围，安排课程试验的教学时间，提供教室、活动场地、试验设备与试验经费等，将方案付诸实施，同时检查试验进展情况。

（六）评价与修订

学校应该制订评价方案，追踪课程试验效果，收集各方意见与建议，然后修订课程开发方案。

需要说明的是：这几个步骤并不一定存在着先后关系，除了建立组织机构之外，学校可以从任何一个步骤开始进行校本课程开发，也可以几个步骤同时进行。

廖哲勋提出的评价与修订要点①

评价的对象主要是校本课程的开发方案以及各门校本课程纲要。

校本课程开发方案的评价要点是：

（1）开发方案的制订是否具有充分和可靠的依据？

① 廖哲勋．关于校本课程开发的理论思考［J］．课程·教材·教法，2004（8）：15.

（2）校本课程的总体目标是否科学合理，是否符合本校学生的实际需要？

（3）校本课程的设置是否具有比较合理的结构？

各门校本课程纲要的评价最好安排在各门课程试用一轮之后。评价要点是：

（1）课程目标是否以促进学生的认知、情感和行为充分而各有特色的发展为主旨？

（2）课程内容是否由综合性信息和直接经验有机组成？

（3）课程内容的组织（如按主题或课题编排）是否符合学生的认知规律和年龄特征？

（4）是否让学生在开放性的实际活动中自主地学习、体验和探索？

各校在进行校本课程试验阶段也须邀请课程专家对校本课程开发方案及有代表性的课程纲要予以论证和评审。

思考与作业

1. 什么是课程？
2. 什么是潜课程？
3. 从古至今，课程的含义发生了哪些变化？你对此有何看法？
4. 课程资源包括哪些类型？
5. 学科中心课程论的基本理念是什么？
6. 社会中心课程论和儿童中心课程论的观点有哪些不同？
7. 建构主义课程论的主要主张有哪些？
8. 多元文化教育课程论的主要目标是什么？

反思与探究

1. 建构主义课程论认为知识是不确定的，学生的学习应该是主动建构的过程，而不是被动学习教师所教知识的过程？对此，你怎么看？你可以采访一些同学，整理一下你们的聊天记录，把他们的看法总结出来。

2. 多元文化教育课程论为学校进行多元文化教育提供了指导，我们处在多元文化背景之下，请你为学校开展多元文化教育提供一些建议。你可以编制一份调查问卷或访谈提纲，调查一下不同国家的同学的想法，写一个简单的调查报告。

3. 潜课程概念的提出为学校教育提出了新挑战，请围绕这个主题，从你的实际出发，为学校的发展提出建议。

拓展阅读

1. 薛国凤，王亚晖．当代西方建构主义教学理论评析［J］．高等教育研究，2003（1）：95－99.

这篇论文比较详细地介绍了当代西方建构主义教学理论，并从积极意义和消极意义两个方面对其进行了比较中肯的评价，可以比较全面地帮助我们了解建构主义课程论的内涵及其对当今教学的影响。

2. 杜钢．美国多元文化教育课程与教学理论评析［J］．外国中小学教育，2007（6）：59－63.

这篇论文对美国多元文化教育课程的目标、内容以及相应的教学策略、教学方法进行了详细介绍，这对当今各国的多元文化教育有着启示作用。

3. 门秀萍．中小学校本课程开发的理论与实践［M］．北京：开明出版社，2003：177－189.

这部分内容介绍了台湾某个中学开发校本课程的全过程，同学们通过阅读可以从实例上了解如何进行校本课程开发。

第五章　教学流派及教学设计

学习目标

1. 理解和掌握教学的概念和理论基础；
2. 知道教学流派的发展历史，能够用自己的话复述各教学流派的特点；
3. 掌握教学设计的流程，能够运用其中的教学设计原则开展独立的教学设计。

教学建议

1. 从古至今，不同的教学流派对教学的理解都不一样。因此在学习过程中，学生需要通过独立思考和相互交流来理解当代教学的含义。

2. 每个教学流派的主张不同，学生需要独立阅读之后总结不同教学流派的主要观点，通过对比，找出它们之间的异同点，并说明对当今教育的影响或启示。

3. 学完“教学设计”之后，学生需要选取华文教学的某个知识点进行教学设计。

案例导入

我按照教材内容来教①

编者：请问您平时会仔细备课吗？

学员：会的，我会把教材上的内容看一遍或者几遍。

编者：那上课前会做好详细的教学设计并写好教案吗？

学员：我只是按照教材上的内容教，我觉得这样就可以了。我很忙，教很多个班，没有时间写教案。

编者：教学过程中，您会根据学生的实际接受程度来调整教学吗？

学员：会，不过调整不多。教学内容已经定好了，改变的话，很难完成（教学

① 编者与华文教师证书培训班某学员的谈话。

计划）。

编者：教学过程中，您讲得多，还是学生练得多？

学员：我讲得多。

…………

思考：对于以上华文教师的做法，你是怎么看的？如果你是华文教师，你在上课前会做好详细的教学设计吗？做教学设计时，你的根据会是什么呢？在教学过程中，你是希望跟学生一起完成教学任务，还是自己讲完教学内容就可以了？你是如何看待“教”和“学”的关系的？

带着以上问题，在这一章里，我们将弄清楚教学过程中“教”和“学”的关系，理解教学的含义；了解各教学流派的教学主张，明了教学设计的基本程序。

第一节　教学概述

在这一节，我们首先要了解教学的概念、任务，以及历史上对教学过程本质的看法，这些对于本质的看法有助于我们明确自己的教学观念，反思自己在教学的问题上持有什么样的教学本质看法，有助于教学设计过程的开展。

一、教学的定义、任务和本质

（一）教学的定义

要了解教学的定义，就要区分教（teaching）、学（learning）和教学（instruction）三者的概念。“教”是指有目的地对学习过程进行指导和管理的活动。当然，“教”并不只是把知识或技能给予学生，“教”是给学生提供有指导的学习机会，让他们通过参与活动获得持久性的改变。“学”是指通过特定的活动，个体行为或倾向、能力获得相对持久的变化。“教学”是结合了教与学的双边概念。因此，教学是指教师的教和学生的学之间的双边或多边互动活动。

教学概念的变革

在农耕时代，知识还掌握在少部分人手中，绝大部分从事体力劳动的人们并不需要接受正式的教育。教学成为按照特定目的来传递知识和经验的主要途径。中国古代学者王夫之曾提出，学是学教师所教的东西，教是教人学习；教者要教学者不断扩大他的知识领域，学者要根据教者的引导积极思考，独立探索事物的由来。①

在工业时代，工厂需要具有一定知识基础的工人来从事工业劳动。随着对劳动技术含量要求的增加，知识教育成为绝大部分人的需要，但是此时教学的本质属性就是把一定的知识和技能教给学生。在广义上，教学就是教的人引导学的人学习一定文化的专门活动，教的人不一定是教师，学的人也不一定是学生。狭义上，教学专指学校中教师引导学生一起在专门的环境中以特定的文化为对象进行的教与学相统一的活动，从而有效地掌握知识、形成技能、发展能力和提升道德品质。②

在信息时代，一切知识成了信息，任何人在任何地点可以获取任何信息，不存在知识的层级。教学必须要随着这种时代的特性进行变革，一切以学生自我的持续发展为核心，教学不仅要关注学生学习到的内容，还要关注学生学习的方法和策略，以学生的学习动力为核心，才能为学生未来的发展提供永恒的动力机制。

思考与讨论：回顾历史，展望未来，你认为未来的教学应该是什么样的？

（二）教学的任务

随着时代的不同、学科隶属的不同，教学的任务也在发生变化。当今信息社会的教学要聚焦在学生生活的能力上，让他们具备一定的知识，发展他们理解、运用和创造知识的能力以及自我更新、不断学习与发展的能力。

对于华文教学来说，由于教学对象的复杂性，其具体的教学任务也就有所差异。从教学性质来说，华文学习者主要分为三类，以华文作为母语或第一语言的学习者（Chinese as native or first language），以华文作为第二语言的学习者（Chinese as a second language），以华文作为外语的学习者（Chinese as a foreign language）。总的说来，华文教学的任务包括以下几个方面：

第一，在知识领域范畴，要促进学生在汉语相关领域的学科专业知识的发展。比如，掌握华文的语言学、文学等方面的专业知识，知晓汉语在不同社会生活领域内的语言运用规范，知晓在跨学科领域内语言的使用规范等。

---

① 中国大百科全书出版社编辑部．中国大百科全书：教育［M］．北京：中国大百科全书出版社，1985：150.

② 黄甫全．现代课程与教学论学程［M］．北京：人民教育出版社，2006：103.

第二，在能力领域范畴，要培养学生在语言方面持续的自我发展能力，保证其在语言学习上的可持续性、开放性和投入性。比如，让学生意识到如何运用语言来获得所需要的信息，如何运用语言来解决生活、工作中的问题，如何运用语言在可持续发展学习中进行交流与讨论。

第三，在情感态度领域，教学要努力提升学生对于某个特定领域的热爱。比如，意识到任何一种语言都是复杂的、多样的，喜欢语言的学习，能够欣赏华文背后的文化内涵等。

当然，由于华文教学的复杂性，如上的这些教学任务会随着以下六个问题的出现而发生变化，有所侧重。

（1）谁（who），即学习者和教育者是谁，他们的母语、受教育程度、智力、个性、社会地位等相关情况如何；

（2）什么（what），即学什么、教什么，母语习得和第二语言学习有什么区别，语言知识和语言能力是什么；

（3）怎样（how），即怎样学、怎样教、怎样成为成功的学习者；

（4）何时（when），即学习者的年龄，包括临界期是什么时候，何时学习语言最合适等；

（5）哪里（where），即在什么环境里，比如是目的语还是非目的语，是课堂还是社会等；

（6）为什么（why），即为什么学，比如是工具主义目的还是参加社团的目的。

（三）教学过程的本质

现代教学观强调教学的过程，而不只关注教学的结果。教学过程，实际上就是指教师引导学生学习的教与学相统一的活动的时间流程，包括从启发到发展、从变化到结束这样的程序结构。

教学过程包含了五个层面：一是指一节课从上课到下课的教学过程；二是指为完成一个教学单元或一个相对独立的教学任务的整个过程；三是指小学、初中等从开学到毕业的一个教育阶段；四是指从幼儿园到大学的整个学校教育系统中的整个教育过程；五是指在人类发展历程中的教学过程。人们常说的教学过程主要是指前两个层面的教学过程。①

对于教学过程本质的认识，比较典型的有以下几种：

1. 特殊认识说

“特殊认识说”的基本观点就是教学过程本质就是一种学生的特殊的认识过程。

---

① 扈中平，李方，张俊洪．现代教育学［M］．2版．北京：高等教育出版社，2005：281.

这种观点影响最大。教学过程就是“感知教学材料—理解教学材料—应用巩固”的过程。教学之所以是一个特殊的认识活动，是因为教学可以依靠前人的经验来进行学习，学生凭借人类长期积累下来的文化科学知识来间接认识世界，并且学生的认识是需要教师来进行引导的。

2. 儿童发展说

“儿童发展说”认为教学的过程是促进学生发展的过程，而不是认识的过程。教学的根本目的就是促进学生的发展。现代的教育要求教学过程要转变以往的以获取知识、技能为主要目标的倾向，而应该关注学生个人的发展。

3. 认识—发展说

“认识—发展说”认为教学过程既是一个认识的过程，又是一个发展的过程。这种观点认为教学过程的本质包括三个方面：首先，教学过程是在认知的基础上进行的知、情、意、行统一发展的过程；其次，教学过程是以智育为核心的德、智、体、美全面发展的过程；最后，教学过程还是培养学生个性充分发展的过程。

4. 多质说

“多质说”认为教学过程是一个多层次、多方面、多形式、多序列和多矛盾的复杂的过程。比如，从认识论来看，教学过程就是一个特殊的认识过程；从心理学来看，教学过程就是学生的发展过程；从生理学来看，教学过程是学生发育成熟的过程；从经济学来看，教学过程是人的再生产过程；从伦理学来看，教学过程是培养学生道德品质、思想意识和行为习惯的过程。因此，要探讨教学过程的本质，就要从不同角度来看，单一地从某个角度去寻找教学本质都是不全面的。

二、教学组织形式

（一）教学组织形式的概念

教学组织形式，就是为了实现一定的课程与教学目标，围绕着一定的教育内容，在一定的环境中，教师与学生之间相互作用的方式、结构和程序。

教学组织形式包括三层含义：第一，“规定教学互动方式”，包括师生之间和生生之间的互动，教学组织形式就是要规定这两种互动方式是直接还是间接进行，是在班级中进行还是在小组内进行；第二，“安排教学时空环境”，不同的教学时间分配和教学空间组合对教学的质量和学生学习的效果都有很大的影响，因此要对教学的时空环境进行合理的安排；第三，“组合教学要素”，教学组织形式还要对教学目标、教学内容、教学方法和媒体等要素进行优化组合，这样才能提升教学效率和教学质量，更好地促进学生的发展。

（二）教学组织形式及其特点

教学组织形式受社会生产和科技发展的影响。每一种教学组织形式都有其产生的历史背景，并随着社会的发展不断变化。古代社会最初的教学组织形式是个别教学。到了16世纪，诞生了班级教学制。19世纪末和20世纪初，随着社会的进一步发展，出现了道尔顿制、文纳特卡制等新的教学组织形式。20世纪50年代以来又出现了分组教学制、特朗普制和开放课堂，它们和个别教学一起成为班级授课的辅助形式。①

1．个别教学

个别教学是古代社会学校教育中最主要的教学组织形式，也就是教师分别对学生进行个别教学的一种组织形式。个别教学组织形式的特征是：教师只与个别的学生发生联系；学生年龄和文化程度是参差不齐的；教学内容与教学进度较随意，缺乏计划性、系统性；教学时间没有确定性。总体来说，个别教学办学规模小、教学效率低，但是能够因材施教，适应学生的个别差异。

行动与思考：查一下“个别教学”的发展历史，结合当今的华文教学，谈谈“个别教学”的适应性。

2．群体教学

群体教学就是教师向一群学生授课，但是学生们的年龄、学习进度、修业年限等各不相同，不构成一个班级。一般是一名教师负责主讲，若干名教师辅助讲授。这种群体教学为班级授课制的产生奠定了基础。

3．班级教学

班级教学是在固定的班级，由教师按照课程表来对一群年龄大致相同的学生进行分科教育。班级教学制中，班级是按照学生的年龄和水平来编成的，人员固定，教学内容成为一个系统，系统中的每一部分成为一课，课与课之间有固定的休息时间，教师对整个班级进行教学，按照以上的方式有计划地开展教学活动。

4．贝尔—兰卡斯特制（monitorial system）

贝尔—兰卡斯特制，产生于19世纪初的英国，由教师贝尔（Andrew Bell，1753—1832）和兰卡斯特（Joseph Lancaster，1778—1838）创建，因此称为贝尔—兰卡斯特制。这种教学形式是教师先教授年龄大的学生，再由学得较好的学生去教导年幼的和

① 李定仁，徐继存．教学论研究二十年［M］．北京：人民教育出版社，2001：355．

学习差的学生，因此贝尔—兰卡斯特制也称为导生制。在这种教学组织形式中，教学质量是很难保证的。

5. 道尔顿制（Dalton laboratory plan）

道尔顿制是由美国道尔顿城的教育家帕克赫斯特（Helen Parkhurst，1887—1973）提出来并开始试行的。这种教学组织形式注重培养学生的自学能力，教师进行少量的集体教学，主要由学生根据教师制定的学习内容来自学，并独立完成作业，教师检查合格后再进行新一轮的学习。

这种教学组织形式对学生自觉性要求较高，并且学生之间也缺乏互动，不利于学生的社会化以及个性的全面发展，学生的认知结构和教学的效率都不能得到保障。

6. 文纳特卡制（Winnetka plan）

文纳特卡制是美国教育家华虚朋（Carleton Wolsey Washburne，1889—1968）1919年在芝加哥市郊文纳特卡镇公立学校实行的一种教学组织形式。这种形式把课程分为两部分，一部分按学科进行，主要采用个体授课的方法，由学生个人自学读、写、算和历史、地理等方面的知识、技能；另一部分则是通过艺术、运动等综合活动来培养学生的“社会意识”。这种教学形式中每个单元都有测试，测试通过后开始新的单元的学习。

7. 分组教学制

班级教学制不容易照顾到学生的个别差异。为了弥补这一不足，19 世纪末 20 世纪初，出现了分组教学。有按照学生的能力发展水平进行分组的，有按照学生的特点进行分组的，等等。分组教学能够根据学生的能力差异来进行分层教学，能够适应不同层次学生的要求，但不利于学生个性的健康发展，容易使学习成绩好和学习成绩差的学生之间形成等级感，不利于他们的交流。

8. 特朗普制（Trump plan）

特朗普制是由美国教育家劳伊德·特朗普（J. L. Trump）在 20 世纪 50 年代创立的。这种教学组织形式是先由优秀教师进行大班集体教学，然后分成小组来进行讨论，再由学生个人进行自学。特朗普制将大班上课、小组讨论与个人自学结合在一起，也是值得推广的教学形式。

教学组织形式，总的说来可划分为个别化教学（包括个别教学、道尔顿制、文纳特卡制）、集体教学（包括群体教学、班级教学、分组教学制、贝尔—兰卡斯特制）和综合教学（特朗普制）三种。个别化教学组织形式只能作为集体教学的补充来弥补集体教学的不足，班级教学虽然是当今最为盛行的教学组织形式，但也要随着社会发展进行变革。因此，今后的教学组织形式需要融合三种教学组织形式的优点。

第二节 教学流派及其发展

教学流派是指一些教学主张相近、教学风格相似的教师在教学实践中自觉或不自觉、正式或非正式地结合在一起并在一定范围内产生影响的教学派别。从 19 世纪以来，教学领域出现了众多的流派，在理论和实践上均产生了较大的影响。第一章里已简要介绍过几种教学流派，下面介绍几种主要的教学流派。

一、赫尔巴特主义教学流派

赫尔巴特主义教学流派是一种影响广泛而悠久的流派，被称为“传统教育”教学理论流派，其创始人主要是德国的赫尔巴特，后由他的学生齐勒尔（Tuiskon Ziller，1817—1882）和赖因（Wilhelm Rein，1847—1929）进一步发展。赫尔巴特称自己的教育理论为“科学教育学”。教学理论是赫尔巴特“科学教育学”的主体，也是其教育思想的精华。

（一）赫尔巴特主义教学流派的主要观点

赫尔巴特根据他的多方面兴趣的理论，构建起了多方面的课程，建立起规范化的“学科”课程与教学形态，并追求古典人文学科与现代实用学科相结合。属于经验兴趣的学科是：自然、物理、化学、地理；属于思辨兴趣的学科是：数学、逻辑、文法；属于审美兴趣的学科是：文学、唱歌、图画；属于同情兴趣的学科是：外国语、本国语；属于社会兴趣的学科是：历史、政治、法律；属于宗教兴趣的学科是：神学。赫尔巴特又在此基础上将属于经验兴趣和思辨兴趣的学科称为“科学的科目”，将属于审美兴趣、同情兴趣和社会兴趣的学科称为“历史的科目”，神学则是“宗教的科目”。

赫尔巴特认为，儿童要扩大观念就要依靠经验的积累，并且主要是在教学中获得知识。他在统觉心理学的基础上，同时把多方面兴趣和培养学生的注意力结合起来，将教学分成四个阶段，后来经过他的弟子的发展形成“五段教学法”，盛行于欧美学校。五段教学法包括[①]：①“预备”（preparation），也就是提出问题，说明教学目的

① The Editors of Encyclopædia Britannica. Encyclopædia Britannica：Johann Friedrich Herbart［EB/OL］.（2014-07-28）. https：//www. britannica. com/biography/Johann-Friedrich-Herbart.

和教学目标；②“提示”（presentation），就是传授新的材料；③“比较”（association），就是通过新知识与旧知识的相比较来实现它们的融合；④“总结”（generalization），就是在比较的基础上，进行一种静止的审思，来寻求结论和规律，以求达到知识的系统性；⑤“应用”（application），将所学的知识应用到新的场合与情境中去。

（二）赫尔巴特主义教学流派的主要影响

赫尔巴特主义教学流派在国际上有着重要的影响，它的许多理论都是有创新性、有可借鉴之处的，其整个理论对教学理论的发展也产生了深远的影响。

赫尔巴特主义教学流派提出教学要以心理学为基础，要以学生的兴趣为基点，在此基础上安排丰富多彩的课程以满足学生多方面的需要等主张，对当今的教学仍有着重要启示。在当今的教学中，将课程和教学多样化，保持学生的学习兴趣同样重要。比如在华文教学中，应该将课程和教学变得丰富多彩，激发学生的学习兴趣，让学生觉得他们发奋学习是值得的、是有意义的。这样，他们的学习才能更长久，才能不断地战胜困难，取得更大进步。

思考与讨论：你认为“五段教学法”适合华文教学吗？

二、杜威的儿童中心教学流派

儿童中心教学流派，否定了赫尔巴特的以学科为中心的观点，主张以学生为中心，以学生的兴趣、爱好、动机、需要为价值取向来组织教学。这个流派的代表人物就是美国的杜威。

（一）儿童中心教学流派的主要观点

杜威认为儿童和课程是一个完整的有机统一体，而将他们统一在一起的就是经验。只有通过儿童的社会活动，学科的经验才能内化到儿童自身中。杜威认为教学活动是与社会活动紧密相连的，要让学生“从做中学”“从活动中学”“从经验中学”，进而培养学生民主的社会生活方式。传统的教学以教材为中心，教师把教材的内容灌输给学生，其实违反了学生的天性，割裂了儿童与社会的关系。杜威认为教学的内容应该是儿童的直接经验，在教学中，应该用各种活动形式来发展儿童的智力。只有这样，儿童才能够在游戏和活动中轻松愉快地学习、成长。

在此基础上，杜威提出了“科学方法论”，把人的思维分为五步，与此相适应的教学也有五个阶段：①教师根据儿童的本能需要和已有的经验，为学生准备一种能暗示学生渴望去了解的问题情境；②教师通过帮助儿童查阅资料等来给他们提供足够的资料，使儿童能够应对所遇见的问题；③学生自己提出解决问题的假设；④学生将解决问题的办法加以整理排列；⑤学生将解决问题的设想付诸实践中去，来检验其价值。① 而在整个教学过程中，学生必须是积极主动的参与者。

思考与讨论：比较赫尔巴特主义教学流派的“五段教学法”与杜威的“五段教学法”有哪些异同点。

（二）儿童中心教学流派的影响

19世纪末20世纪初，杜威发起的进步教育成为美国教育的主流。在教学上，他主张以活动教学代替传统的课堂讲授，以儿童的亲身经验代替书本知识，以学生的主动活动代替教师的主导，形成了现代教育的三个中心。20世纪前半期，美国的许多教学方法都与杜威的教学理论有着密切联系。同时，他的教学思想对当时包括现在的很多国家都有着巨大影响。

很多教育家根据杜威的儿童中心教学理论，提出了汉语教学也要联系生活。因为语言本身就是源于生活，人们通过语言来认识社会、参与社会。在这一过程中，语言得到进一步发展。联系生活，汉语的教学也就有了丰富的内容，并能够牵动学生的心理，为学生提供学习的动力和兴趣。

三、结构主义教学流派

结构主义教学论主要依据的是结构主义心理学，产生于20世纪50年代，其最著名的代表人物是美国的布鲁纳。

（一）结构主义教学流派的主要观点

布鲁纳强调学习的结果是形成认知结构，他主张，不论教什么学科，务必使学生理解学科的基本结构，也就是理解学科的基本原理及其内部规律等，而教学的最终目标就是促进“对学科结构的一般理解”②。布鲁纳提倡将学科的基本结构放在教材和课程的中心地位。

结构主义教学流派提倡发现学习，即人通过独立思考、改造学习材料，自己掌握原理和原则的一种学习方式。发现法教学模式的特点是：①教学要围绕着一个问题情

① 袁锐锷. 外国教育史新编［M］. 广州：广东高等教育出版社，2006：304.

② 李定仁，徐继存. 教学论研究二十年［M］. 北京：人民教育出版社，2001：55.

境而展开，而不是围绕着某一个知识而展开。②教学中以学生的“发现”为主，而不是以教师的讲课为主，教师在课堂中只起引导作用。③发现法教学没有固定的组织形式，能最大限度发挥学生的主体性和创造性。发现法教学的基本步骤：①提出使学生感兴趣的问题；②让学生体验到不确定性，进而激发学生来探究；③教学提供给学生解决问题的材料和线索等；④教师协助学生提出假设，并帮助学生进行分析审查；⑤教师协助和引导学生审查假设并得出相应的结论，找出最佳的解决方法。[①]

在发现法教学的模式中，教师的主要任务是：①鼓励学生有发现的自信心；②激发学生的好奇心和求知欲；③帮助学生寻找新问题和已有经验的联系；④训练学生解决问题的能力；⑤协助学生开展自我评价；⑥启发学生进行对比。总体说来，教师在教学过程中是一个引导者，而不是直接教给学生解决问题的方法。

（二）结构主义教学流派的影响

教学离不开课程，布鲁纳认为好的学科结构可使“任何科目都能按照某种正确的方式教给任何年龄阶段的儿童”。因此，他认为最佳的教材编排方式是“螺旋式上升”。螺旋型课程，实质上就是在课程内容的组织上采取螺旋的排列方式，按照学习的巩固性原理，在相邻两个以上的主题、单元、年级或者阶段中安排内容相同，但是深度和广度不同的知识点，来让学生逐步深入学习某门课程。而随着学生年龄的增长，教学设计的原理和概念可能是相同的，但是教材表现形式的直观程度却逐渐降低，教学的抽象程度不断提高，从而体现教材的“螺旋式上升”。这样就可以打破一门学科在不同阶段学习和教学上的界限，使学生既能在较低层次上为以后的学习提供充分的知识准备，又能够逐渐在较高层次上掌握知识。通过这样的螺旋型课程，促进儿童对学科基本结构的学习和掌握。如今，“螺旋式上升”已经成为教材编写的主要依据之一。

在教学上，布鲁纳根据学生在课堂教学情境下学习各种知识的活动提出自己的教学理论，把研究的重点放在学生获得知识的内部认知过程和教师如何组织课堂以促进学生“发现知识”的问题上，强调学生学习的主动性，对教学的发展作出了突出的贡献。

结构主义教学流派与汉语教学

19 世纪 80 年代第二语言习得理论开始强调学习者的中心地位，认知主义理论认为学习是一个主动的过程，学生个人发展是教学的核心。发现法保证了学生在得到科

① BRUNER J S. The process of education [M]. Cambridge, MA: Harvard University Press, 2009.

学的足够的语料的情况下，能够结合老师设计的情景自己去发现语言规则。以往的教学都是从语言内部结构去处理语言的教学，没能充分考虑学生自身的因素，但是学生实际上是语言学习的主体，不应该被动地接受知识。

Thornbury S. 指出发现式语法教学能够启发学生联系已有的知识去发现汉语语法的规则，进而促进学生更深入地学习；并且如果学生能够获得成功，就能够激励学生去学习更多的汉语知识，因此加深了学生对汉语语言规则的理解并且提高了学生练习的正确率。

《走遍中国》作为典型的发现式语法教学原则下的综合教材，尤其适合以英语为母语的汉语学习者，因此也可以看出发现式汉语语法教学是适合以英语为母语的学生的。①

四、建构主义教学流派

建构主义被誉为当代教育心理学中的一场革命。建构主义可以更好地说明人的学习过程和认知规律，为教学提供了一些新的视角。

（一）建构主义教学流派的主要观点

建构主义认为学习是学习者在自身已有的知识经验的基础上，对新信息进行加工处理来建构知识的过程，它强调学习的主动性和实践性。学生的知识是学生通过自主的学习而获得的，而不是教师传授的。建构主义认为知识不是问题的最终答案，而只是一种对现实的假设和解释，并且随着情境的变化和社会的进步而不断发展。因此，学习不是把外部的知识简单地搬到学生的记忆中，而是由学生自己来建构新的理解，强调学生内在的生成。

在此基础上，建构主义有很多教学原则，部分学者总结了如下的教学原则②：

（1）为学生创造一个与学习有关的真实世界的环境；

（2）关注对于现实问题的解决方法；

（3）教师是一个教练员和解决问题策略的分析者；

（4）强调概念的关联，提供多元的表征或对内容的多视角；

（5）教师和学生一起商讨教学目的和目标；

（6）评价要作为自我分析的工具；

---

① 张景凤．对外汉语发现式语法教学的教案设计——以初级“时量补语”教学为例［D］．广州：中山大学，2013：42－43．

② JONASSEN D. Evaluating constructivist learning［J］. Educational technology，1991，36（9）：28－33.

（7）提供工具和环境来帮助学生从不同角度来解释世界；

（8）学习应该是内部自控的，由学生自己来协调。

（二）建构主义教学流派在教学方法上的启示

在建构主义教学思路的指引下，建构主义者提出了相应的教学方法，值得当今的教师和学生借鉴。

1. 随机通达（random access）教学设计

建构主义者认为知识是网络化的，而网络化的知识各个点之间是相通的，因此学习者可以通过网络上的任意一点来进入学习。也就是说，学习者可以随意通过不同途径、不同方式来进入同样内容的学习，从而获得对事物全面的、多角度的理解。

2. 支架式（scaffolding）教学设计

支架式教学设计是围绕一个主题，为学习者建构理解知识的概念框架，而不是具体的知识，这个概念框架也就被形象地比喻为“脚手架”。这个概念框架可以进一步引导学生理解问题，不断进行更高水平的认知活动，进而完成知识的意义建构并不断地发展智力。

3. 抛锚式教学（anchored instruction）设计

抛锚式教学设计又称为情境式教学设计。建构主义者认为学习最好的方法是到真实的情境中去体验，而不仅仅是知识的灌输。因此，学习要选择真实的任务、案例或者问题，也就是先“抛锚”，然后让学生自主学习、讨论、交流，去探索并解决问题，进而达到对事物的性质和规律的深刻理解。

4. 自上而下（top-down）的教学设计

传统的教学设计是自下而上的，而建构主义者主张自上而下的教学设计，也就是先呈现整体性的任务，让学生尝试着去解决。在解决问题的过程中，学生自己去发现完成任务首先需要掌握哪些知识技能，然后慢慢将任务分解成众多子任务，最终实现问题的解决。

总之，建构主义强调以学生为中心，认为教师只是帮助学生建构知识的意义，强调情境的作用，认为意义的建构才是教学的目的。

建构主义教学流派与汉语教学

建构主义的教学思路对于对外汉语的教学有着深远的影响和积极的意义。传统的教学认为知识是以一定的结构而客观存在的，教师是知识的掌握者，他把知识传授给学生，学生只要被动地接受就可以了，而教学的过程就是为了达到已经制定的教学目标。然而，对外汉语的教学是期望学生能够掌握实际的汉语运用、交流能力，因此要

求教学设计要有新的转变。[①] 在建构主义的学习环境下，对外汉语教学应该包含以下内容与步骤：[②]

①教学目标分析：对整个课程和各个部分进行目标分析，来确定不同阶段应该达到的教学目标。②情境创设：创设与学习内容相关并与现实情境相类似的情境。比如会话课可以模拟真实的生活环境，如学校、饭店、商场等，在听力课中可以利用真实的广播或者电话等来进行训练。③信息资源设计：确定当前学习内容所需的信息资源，比如对外汉语教学的录音、录像、电脑房等。④自主学习设计：根据不同的教学方法来设计学生的自主学习，比如抛锚式教学设计中可以选择一个真实的问题来进行“锚定”，如“把字句”与“被动句”的转换，再展开进一步的学习。⑤协作学习环境设计：教师提出问题，然后引导学生进行分组讨论。⑥学习效果评价设计：包括学生对自我进行评价，小组内成员对个人进行评价。⑦强化练习设计：教师根据评价的结果为学生设计强化练习，进而纠正错误。比如可以设计一些“把字句”转换到“被动句”的错误例子，让学生来进行改正。

总之，教师要首先了解学生的学习风格、文化背景、对待汉语的态度、已有的汉语学习经历等，在此基础上，指导学生构建起适合自己的学习方法，构建起自己的知识的意义。

第三节　教学设计的流程与步骤

教学设计是教学的中心环节，从教学设计的过程来看，主要涉及如下几个部分：需求分析与教学目标的制定、教学内容的选择、教学环节的安排、教学策略的确定和教学评价的设计。

一、需求分析与教学目标的制定

教学目标是教师和学生在课堂教学活动中所要达成的预期结果和标准，任何教学活动都是围绕着某种教学目标展开的。教学目标的制定，需要在学生的需求分析的基础上进行。

---

① 王丑．论建构主义理论在对外汉语教学中的启示［J］．语文学刊（外语教研版），2005（5）：68－69．

② 李柏令．建构主义学习理论与对外汉语教学［J］．云南师范大学学报，2003（9）：51．

（一）制定教学目标的前期准备——需求分析

在教学设计之前，最重要的前提是做好需求分析（needs analysis）。

需求分析是指以系统方法收集各类信息，以便确定特定的学生群体在学习过程中的实际需求，并针对这些实际需求进行优先排序的过程。

比如，针对语言学习，在需求分析阶段，教师需要确定几个重要的问题：

第一，谁应该参与需求分析？我们需要考虑学生的需求，还要征求教育者的意见，比如教师、项目执行者、政府部门的人员等的看法以及其他各类群体，比如某个语言项目的负责人、雇主或者某类语言的使用者的看法。

第二，要收集什么信息？一般而言，我们要收集如下四个方面的信息[①]：①这种语言要在什么情况下使用？使用者是谁？②语言使用的目标和目的是什么？③在语言使用的时候采取什么样的交流类型（例如，口语的或书面语的，正式的或非正式的）？④要达到什么程度的标准？最好的学生最后的能力应该是什么样子的？

除此之外，我们还需要收集学生以下几个方面的信息：①学生先前的学习情况和知识基础；②学生现在的情况，包括学生群体特点、理解接受能力、外部环境等；③班级内部学生的差异情况，包括学生的程度差异、与教师的关系等。

（二）教学目标的制定

1．什么是教学目标

教学目标和教学目的是两个不同但又关系紧密的概念。教学目的（goals）是指为了满足学生的学习需求的一般性的预期标准，教学目标（objectives）则是为了达成某个特定的教学目的而要达成的内容或技能。

教学目的和教学目标具有一定的差别：教学目的是一般性的预期结果，关注教学结束之后学生能够做什么，可以分化成更多的具体的教学目标，而且不是永久不变；教学目标则是要描述在一个课程或者项目结束的时候学生应该获得什么样的特定知识、行为或技能。

总的说来，教学目的是教学目标的方向，教学目标是教学目的的具体化。而教学设计的过程是一个不断具体化的过程，为了完成某个具体的教学目标，我们可能还要不断对教学目标进行划分。

比如，“汉语交际”这门课程的基本教学目标是：要学会用汉语进行交流。为了完成这门课程的教学目标，教师要将目标划分成各类具体的可操作的每一节课的教学目标，如学生要学会哪些词汇的用法、如何选择合适的词汇、如何针对具体的交际情

---

① RICHARDS J C, PLATT J, WEBER H. Longman dictionary of applied linguistics [M]. London: Longman, 1985.

境来选择合适的会话等各种具体的目标。

2. 教学目标制定依据

教学目标的制定不能仅凭教师的个人教学经验或者个人的想象，而是要以如下的几个方面作为重要依据：

（1）课程标准（syllabus），是政府、权威机构或者某个教学项目组织者所制定的标准，是教材编写、教学、评估的重要依据。在日常的教学中最常见的标准就是国家制定的课程标准。因此，在制定教学目标的时候，应该紧扣标准的培养要求，结合学生的实际，有针对性地设计教学目标。

（2）教学内容，即教学所主要依赖的知识或技能等，这是教学设计的核心要素。

（3）学生的需求（needs），也就是学生的具体情况。

（三）教学目标的分类和表述

1. 教学目标的分类

1956 年，美国教育家布卢姆（B. S. Bloom）进行了教育目标分类学的建构①，这成为至今为止教学目标设计领域最有影响力的工具。布卢姆将教育目标分成三个领域：认知领域、情感领域和动作技能领域。其中，他把认知领域的教学目标从低级到高级分为知道、领会、运用、分析、综合、评价六大类型。

2. 教学目标的表述

在教学设计领域，教学目标要求用具体、明确、可操作、可测量的方式来加以表述。最常用的教学目标的表述方法就是 ABCD 的模式：A（audience）指教学对象；B（behavior）指行为，也就是学生在学习完成之后获得怎样的知识、能力或情感价值观念发生什么变化；C（condition）指条件，即确定学生的这些行为究竟要在什么条件下展示出来；D（degree）指标准，即学生行为改变的程度。

思考：下面这个教学目标中的 A、B、C、D 分别指什么？
小学二年级学生能够自己在众多汉字中辨认出左右结构和上下结构的汉字。

二、教学内容的选择

教学内容的选择是整个教学的核心，教学内容是教学目标的具体体现，在各式各

① B. S. 布卢姆，等. 教育目标分类学：第一分册：认知领域［M］. 罗黎辉，等译. 上海：华东师范大学出版社，1986：42.

样的教学材料中得以呈现。

（一）什么是教学内容

广义的教学内容是指由教学媒体或教学材料所呈现的人类知识、技能或情感价值观念。教学内容规定了学习的范围、层次、广度与深度。

教科书、教学内容和教学材料

首先是教科书和教学内容的关系。教科书是指根据一定的价值标准进行选择的权威的文本内容。[①] 教科书是教学内容的主要载体，但不是唯一的载体。如果将教学内容等同于教科书的内容，而不去针对具体教学过程进行补充，那么就有可能忽视教学过程中学生的具体情况，无法真正地实现教学目标。

其次是教学材料和教学内容的关系。教学材料，是指有利于实现教学目标的各种教学媒体或工具的总和，可以划分为印刷出版物、电子出版物、网络资源三类。教学材料是教学内容的载体，教学内容可以通过教学材料来实现。举例来说，在对外汉语的阅读教学中，我们的教学内容是商业谈判中的交流技能，那么我们可能通过视频的方式来呈现，也可以通过纸质版的教科书来呈现，或者通过课堂中教师的示范来加以呈现。

最后，按照教学内容的实现可能性，我们可以将教学内容划分为静态的教学内容和动态的教学内容。静态的教学内容是指那些通过课程计划、课程标准、教科书、练习册和课堂学习材料等来展现的内容，这些内容是明确的书面规定。动态的教学内容是指那些在教学过程中根据实际情况实现的教学内容，包括了教师在教学过程中随机生成的内容。[②]

过去，教学内容往往等同于狭义的知识，主要指向事实、原理、法则等。但是，随着人们对知识的认识的扩大，知识被界定为“知道是什么（know-what）”“知道为什么（know-why）”“知道怎么做（know-how）”“知道谁（know-who）”。因此，对于教学内容中的知识也可以划分为许多种类。

行动：自己动手查一下知识可以划分为哪些类型？

---

① 许嘉璐，林崇德．中国中学教学百科全书：教育卷［M］．沈阳：沈阳出版社，1990：172.

② 杨开城．对教学设计理论的几点思考［J］．教育研究，2001（5）：62－66.

（二）教学内容的选择

在选择教学材料的时候，教师可以通过如下的检测标准来审视自己的教学内容选择是否符合要求：

（1）教学内容是否能完成本节课的教学目标？

（2）教学内容是否提供足够的支持，帮助学生从目前的水平发展到本节课所要求的水平？

（3）教学内容是否准确、新颖？

（4）教学内容是否能激发学生的学习动机？

（5）教学内容是否能够提高学生的参与程度？

（6）教学内容是否能够适合不同类型的学生发展？

三、教学环节的安排

在清楚了学习需求、明确了教学目标和学习内容之后，就要安排教学环节。教学环节是指在课堂教学过程中各项教学活动的安排流程。根据教学流派、教学内容、学生情况的不同，我们可以设计出不同的教学环节。以下是几种经典的教学环节，它们适用于所有学科。

（一）中国传统的教学环节

中国传统的教学环节是基于苏联凯洛夫（N. A. Kaiipob）的教学理论并在中国发扬光大的一种教学活动流程，主要包括：①导入环节，其目的是引起学生的注意；②讲授环节，以感性的材料为基础，通过对比、分析综合、抽象概括、归纳演绎等方式来引导学生进行理解；③巩固和运用环节，即通过设计练习来巩固学生对新的知识、技能或态度的掌握；④检查反馈环节，即通过及时的检查反馈来提升教学效果。

（二）程序教学

“程序教学”是基于斯金纳（Burrhus Frederic Skinner）行为主义心理学建立的，通过将学习任务划分成小步子，引导学生对教学材料进行逐步学习的教学活动流程。其教学环节包括：第一，将教学材料按照一定的程序排列成小项目，在每一个项目中提出问题；第二，让学生回答问题，问题包括选择、填空、问题解决等；第三，立即提供正确的答案，以便及时核对。

（三）接受学习

“接受学习”是基于奥苏贝尔（David Pawl Ausubel）“有意义接受学习”的认知理论，要求学生运用认知结构中已有的知识吸收并固定新学习的知识的过程。其教学环节包括：第一，提供先行组织者，先行组织者是先于学习材料呈现的一个引导性的材料，其抽象程度要高于即将学习的材料，让学生了解新知识的上位观念；第二，呈现学习材料，通过讲演、讨论、实验、探究等多种方式呈现学习材料；第三，改变学生的认知结构，即促使学生把新的材料与自己原先的认知结构相结合。

（四）抛锚式教学

“抛锚式教学”是基于建构主义的教学思想，要求教师建立真实的事件或者问题，引导学生在此基础上进行探究。其教学环节主要包括：第一，创设情境，提供与真实情况一致的情境；第二，确定问题，要求学生从情境中自己发现问题；第三，自主学习，教师向学生提供解决问题的线索，而学生在问题解决的过程中进行学习；第四，协作学习，通过交流和讨论加深对问题的理解，提高对问题的理解程度；第五，效果评价，教师在教学过程中随时记录学生表现，以此评价学习的效果。

语言教学的经典教学环节

（1）基于“语法—翻译法”的教学环节。“语法—翻译法”（grammar-translation method）源自18世纪的西欧，主要目的是为了“读”和“写”，强调系统的语法知识，要求使用翻译的手段来进行教学。① 其教学环节主要包括：第一，教师采用翻译的方式来讲解词语、语法；第二，通过逐句翻译来讲解教学内容；第三，采用学生或教师翻译的方式来巩固和练习。

（2）基于“听说法”的教学环节。“听说法”（audiolingual method）产生于20世纪40年代的美国语言教学，要求以“句型”为教学中心，目的是培养具有听说能力的人才。② 其教学环节包括：第一，教师展示词语、句型和会话；第二，学生听课文录音；第三，学生跟读或者模仿朗读，分角色对话；第四，做各类句型练习，包括纸面的练习和口语练习。

（3）基于“交际法”的教学环节。“交际法”（communicative approach）产生于20世纪70年代的西欧，认为语言的基本功能就是社会交际，因此要重视遣词造句的语言能力和根据情境进行表达的语言运用能力。③ 其教学环节包括：第一，学习情景对话中的生词，展示语法和表达方式；第二，围绕问题进行学习，让学生归纳和说明；第三，提供交际情景，让学生运用知识进行自由表达。

（4）基于“任务型教学法”的教学环节。“任务型教学法”（task-based teaching

① 孙迎春，李云楼．翻译、语法、外语教学研究文粹［M］．郑州：河南人民出版社，1994：44．

② 蒋可心．对外汉语教学法研究［M］．哈尔滨：黑龙江教育出版社，2001：43．

③ 刘珣．对外汉语教育学引论［M］．北京：北京语言文化大学出版社，2000：273．

approach）产生于20世纪80年代，强调以“任务”贯穿教学过程。[①] 其教学环节包括：第一，教师向学生介绍任务，激发学生存储的语言知识；第二，展开任务阶段，教师设计交际活动，指导学生完成系列任务；第三，反馈评价阶段，教师讲评学生语言表达中的问题或操练重点的语言项目。

（5）基于“情境教学法”的教学环节。“情境教学法”是中国小学语文教师李吉林创设的用于语言教学的方法，要求创设典型场景，经过生活场景创设、图画再现情境、音乐渲染情境、表演体会情境、语言描绘情境等手段要求学生主动参与，积极思考与发展。[②] 比如，在作文教学中，其教学环节包括了如下几个步骤：①观察情境，提供源泉；②进入情境，激发动机；③拓宽情境，打开思路；④范文引路，教给方法；⑤提早起步，螺旋上升。

四、教学策略的确定

教学策略是指为了满足特定的教学目标，根据特定的教学情境，针对教学方法、教学材料、师生活动进行特定组织的形式。教学策略是最为重要的教学设计的组成部分。在国际研究领域，也有学者把教学策略等同于教学模式。

教学策略具有三个重要特征：第一，目标性。任何教学策略都是指向特定的问题情境，针对特定的内容、特定的教学目标和特定的师生活动方式而存在的。第二，结构性。教学策略必须把这些不同的要素进行综合和结构化的考虑，是处于某个特定情境里面针对这些要素的优化组合和合理建构。第三，灵活性。教学策略的使用要随着问题情境、目标、内容和教学对象的变化而进行优化组合。

（一）教学策略的分类

根据不同的标准，教学策略可以划分成不同的类型。在日常教学过程中，教学策略可以根据教学策略所通用的范围而划分成不同的层面：

1. 原理性质的教学策略

原理性质的教学策略可以适用于任何的学科和教学领域。比如，直接指导教学策略、探究发现教学策略、掌握学习教学策略等。

2. 原则性质的教学策略

原则性质的教学策略适用于特定的学科和教学领域。比如，字源识字教学策略、

① 方文礼. 外语任务型教学法纵横谈［J］. 外语与外语教学，2003（9）：17－20.

② 麻建芬. 浅谈创设情境教学法在小学语文教学中的应用［J］. 黑龙江科技信息，2012（9）：159.

文学圈阅读教学策略、任务驱动的写作教学策略等。

语言文化教学策略①

文化教学是一个难点，文化教学策略包括如下七种形式：

（1）以介绍、注释、归纳、示范、练习等方式传递汉语文化。

（2）借助声、像等教学手段传达文化信息。

（3）基于语素、语用层面开展文化对比分析。

（4）分角色、分情景表演和分话题讨论。

（5）文化辅助阅读，通过报纸、杂志等书面材料获取文化信息。

（6）开设文化讲座。

（7）开展将课内外环境联系起来的开放式的文化实践课。

（二）教学策略的选择

教学策略的选择要有如下的依据：

（1）依据教学的具体目标、教学内容、学习时长等选择合适的教学策略。

（2）依据学生的实际情况，考虑学生的基本个性、学习态度、学习能力等方面选择教学策略。

（3）依据教学策略的特性，结合特定的情境，综合教学策略的使用范围和使用条件等选择教学策略。

（4）依据教师的个性特点，结合教师个人气质以及对教学策略的熟悉和掌握程度选择教学策略。

总的说来，教学策略的选择是教学设计的中间环节，也是激发学生学习动机、促使学生参与教学的重要方式。

五、教学评价的设计

教学评价（evaluation）是依据一定的标准，运用科学系统的方法收集教学效果，对教学活动的过程、结果进行综合评判的过程。对学生的评价一般称为考评（assessment）。在教学设计中，教学评价不仅包括对教学过程的评价、对课堂教学中学生的考评，也包括教师课堂教学的效果评价。在我们制定教学目标时，就要思考每一个教

① 陈映戎．对外汉语文化教学：策略与形式［J］．黑龙江高教研究，2011（10）：172－174.

学目标需要通过什么样的方式来加以评价，这种评价方式是否能够有效地测量出我们想要的教学目标。而教学评价的结果也可以反过来监督教学目标的实施，以便及时对教学目标进行增补或修订。

（一）教学评价的分类

教学评价按照不同的分类标准可以划分成不同种类。

1. *以评价的作用划分*

按照评价的作用的不同，教学评价可分为安置性评价、诊断性评价、形成性评价和终结性评价。

（1）安置性评价是指确认学生的水平和等级，确认影响不同类型学生继续学习的因素，把学生安置在不同的班级或者小组。

（2）诊断性评价是指在特定的教学活动之前，判定学生水平和等级的前期准备，其目的是要了解学生的现有知识和技能情况，明确与预期教学目标之间的差距，明白学生的兴趣、习惯和其他的个性特征等情况。

（3）形成性评价是指对学生作出关于学习进展的信息反馈，明确每课时教学目标的达成情况，以便调整教学设计。

（4）终结性评价是指在单元、学期和课程结束的时候开展的对学生的成绩进行认定的评价方式。每一类方式都具有自己特有的功能。

2. *以参考的体系划分*

按照参考体系的不同，我们可以将教学评价分为常模参照评价和目标参照评价。

（1）常模参照评价是为了获得学生的学习情况，将学生的学习情况与预定的常模进行比对，以便获得每一位学生的具体排名的过程。

（2）目标参照评价是指以预定的教学目标作为参照标准的评价方式。

（二）教学评价设计原则

教学评价的设计要遵循一定的原则：

（1）教学评价是否依据教学目标？

（2）教学评价是否兼顾了多种目标和多个层次？

（3）教学评价方法是否能够有效地检测出教学效果？

（4）教学评价是否以学生的发展为目的？

教学评价虽然是教学设计的最后一部分，但不是教学设计的最终环节，教学评价的结果可以作为修改教学目标的重要参照，协助制定教学设计的走向。总的说来，教学设计要经历若干流程，几个流程之间是紧密联系、不可割裂的整体，共同服务于教学目标——促进学生的发展。

思考与作业

1. 请简要说明教学的含义。

2. 教学理论包含了哪些流派？请简单阐述各流派的主要观点。

3. 教学设计包含了哪些流程？

4. 进行教学需求分析时应该注重哪些问题？如何针对学生的学情开展具体的教学目标设计？

5. 布卢姆目标分类学的认知领域包括了哪些层面？

6. 经典的教学环节有哪几类？每一类的教学环节包括哪些流程？

7. 教学策略包括哪些？如何选择教学策略。

8. 教学评价的方式有哪些？请简单阐述。

反思与探究

以小组为单位，围绕某个主题或知识点进行一次完整的教学设计。请注意教学设计中的需求分析与教学目标的制定、教学内容的安排、教学环节的设计、教学策略的确定和教学评价的设计等，然后按照这个设计方案进行教学，并进行教学效果评价。

拓展阅读

请利用课余时间阅读以下文献，并做好读书笔记。

1. 杨龙立，潘丽珠．“教学”的语言分析——兼述教学论和课程论之争论［J］．教育学报，2006（2）．

该论文分析了“教学”概念的历史源流，从中国古代、西方世界对于“教学”概念的认识出发，总结和归纳了现今对于“教学”与“课程”概念的看法，对于我们反思“教学”，理清教学观，具有非常重要的意义。

2. 史有为．教学法和教学模式的解析与重组［J］．世界汉语教学，2008（3）．

该论文研究教学法的不同特点、心理基础和优缺点，并分析教学模式的各种因素，针对日本学生的特点，提出“协同—实践—任务”的教学方法。阅读这篇论文，试着针对你自己所在国家的学生特点，选择几种教学方法，要阐明具体的理由。

3. 郑丹丹，王婷．学习结果分类理论与对外汉语教学［J］．海外华文教育，2015（1）．

该论文以非洲的课程教学为案例，采用加涅的目标分类方法，分析了言语信息、智慧技能以及认知策略在课堂教学中的应用。试着找出加涅的教学设计文献，比较一下他的教学目标设计和布卢姆的目标分类之间的差别。

4. FROESE V W. Language: practice and theory [M]. Needham Heights: Allyn and Bacon, 1991: 234-236.

这部分内容介绍了教师围绕主题组织整体语言的六个步骤：头脑风暴法、设定合理的目标、选择相关的资料和资源、介绍主题、规划学习活动和经验、规划主题单元的活动结果。

第六章　教学原则、方法和艺术

学习目标

1. 了解直观性原则、理论联系实际原则、启发创造原则、循序渐进原则、因材施教原则、巩固性原则、整体协调原则的基本内容；

2. 能够在实际教学中比较好地遵循各项教学原则；

3. 了解各类教学方法的基本内容；

4. 能够在教学过程中灵活运用各类教学方法；

5. 了解教学艺术的基本内容并在教学过程中恰当运用。

教学建议

1. 由于绝大部分学生没有实际教学经验，因此，需要教师多通过案例教学或者模拟教学的形式引导学生理解各教学原则、教学方法和教学艺术的基本内容。

2. 本章重点是学生能够在教学过程中遵循各教学原则，灵活选用教学方法，灵活运用教学艺术。因此，需要学生以个人或者小组的形式分析教学案例、进行教学设计、完成课堂教学等。

案例导入

我是谁?①

某节华文课，老师走上讲台就问学生："我是谁?"同学们面面相觑，不知怎么回答。等了大概半分钟，老师大声说："我是老师呀。"同学们顿时"哦"了一声。老师又问："谁会写'老'字?"有一个学生举手说会写，老师就让他来写"老"字。写完之后，老师又问："谁会写'师'字?"于是又让一个学生来写"师"字。写完

---

① 选自某华文教师的教学实录。

“老师”二字，老师领读“老师”，学生一起跟读。接着，老师让学生分组读，再一个一个读，总共读了六七分钟。这时候，老师说：“同学们很累了吧，咱们来唱首歌吧。”同学们顿时高兴起来。老师先唱了一首跟基督教有关的歌曲，之后让同学们跟着唱，接着同学们轮流唱，一直唱到下课。

思考： 你能确定这位华文教师的教学内容、教学目标是什么吗？你认为她的教学方法合适吗？教学环节的安排恰当吗？教学效果怎么样？你回答以上问题有科学根据吗？

带着以上问题，本章将重点介绍教学原则、教学方法和教学艺术，强调它们对教学本身的指导作用。

第一节　教学原则

教学原则（principle of instruction）是指教学要依据教学规律而必须遵循的基本要求。对于任何学科来说，普遍遵循的教学原则主要有以下几个：

一、直观性原则

（一）直观性原则的含义

“直观”即用感官直接感受或直接观察等。教学中的直观性原则是指教师在教学中通过语言的形象描述或让学生直接观察相应的实物、模象等，引导学生获得感性认识，为他们正确理解理论知识打好基础，从而发展其认识能力。

（二）在教学中如何遵循直观性原则

在实际教学中，有些理论知识会大大超出学生的思维水平。作为教师，要善于发现这些超前的知识点，善于利用感知规律，加强直观性教学。

1. 正确选择直观方式，恰当进行直观教学

直观方式主要有实物直观、模象直观、言语直观三类。其中实物直观有实物、标本、实验、参观等；模象直观有模型、图片、图表、幻灯片、动画、视频等。言语直观主要指教师通过形象化的语言引导学生理解所学内容。在教学中，教师首先应清楚教学目标、教学内容、学生情况等，并以此确定选取哪种直观方式更适合学生学习。

其次，教师要清楚感知规律，准确地进行直观教学。强度律是指作为知识物质载体的直观对象（实物、模象或言语）必须达到一定强度，才能为学生清晰地感知。过强或过弱的刺激属于不适宜刺激，不能使人获得清晰的感知。① 因此，教学中教师所提供的实物、模象的大小要适中，语言的音量要适中，多媒体课件中所设计的动画不能过度地“动”等。差异律是指对象和背景的对比差异大的事物容易被感知。因此，教师所展示的实物、模象、板书或多媒体课件等，要突出重点、颜色反差大、对比鲜明，语言上需要抑扬顿挫等。活动律是指活动的对象较静止的对象容易被感知，也就是说，在固定的背景上活动的物体容易引起知觉。因此，在教学中，教师要善于使知识活动起来，比如做相应的动画、表演等。

2. 直观教具要与语言讲解相结合

直观教学的最终目的是为了发展学生的观察能力、思维能力等，因此提供直观教具并不是简单机械的演示，而是需要教师利用语言启发学生在观察过程中认真思考。

3. 重视语言直观

并不是所有的知识都能采用实物、模象直观的形式进行准确的展示，而教师利用语言进行生动的讲解、形象的表述则不受限制，能够帮助学生形成生动的表象或想象，也可以起到直观作用。②

4. 提倡师生自制直观教具

一般来说，教师自制的教具更适合学生实际情况，也可以减少购买教具的费用；学生力所能及地制作教具，不仅能激发他们的学习兴趣，也能提升他们的动手能力，还能加深他们对所学知识的认识和理解。

思考：如果你要教“装饰”这个词语，你会采用什么样的直观形式进行教学？

二、理论联系实际原则

（一）理论联系实际原则的含义

理论联系实际原则是指在教学中利用所学理论知识分析实际情况，以实际情况验证理论知识，使学生从理论与实际的结合中理解与掌握知识，并学会运用知识，从而解决教学中直接经验与间接经验、学与用的矛盾。

① 夏凤琴，姜淑梅. 教育心理学［M］. 北京：清华大学出版社，2015：140.

② 杨光辉. 教育学概论［M］. 延吉：延边大学出版社，2000：159.

（二）在教学中如何遵循理论联系实际原则

在教学中遵循理论联系实际原则，能够比较好地解决学生直接经验与间接经验的矛盾，解决学与用的矛盾。但是联系实际不能脱离整个教学目标和教学内容去胡乱联系。

1. 理论联系实际，首先要注重基础理论知识的教学

基础理论知识是对自然界、社会和人类思维发展普遍规律的反映，对现实具有广泛的指导作用。学生系统地学好基础理论知识，就会在有限的时间内，最大限度地吸收人类科学文化知识。因此，教师在教学过程中，应该围绕教学目标，尽可能组织相关基础理论知识，引导学生学习。在具体的一节课中，应该首先把重要的知识点讲解透彻。

2. 教学中联系实际情况，激发学生学习兴趣，培养实践能力

在教学过程中，需要围绕所学理论知识联系相关实际，让学生感到基础理论知识是有用的。同时让学生参与到实践中去，提升实践能力。常见的形式有：举例、演示、教学实践活动和社会实践活动。

比如，在汉语教学过程中，讲到某词语或语法时，可以联系学生实际情况进行讲解和练习。部分教学内容还可以让学生根据实际情况自行操作或讲解。讲到某些文化主题时，还可以带领学生进行文化考察。

3. 要恰当联系实际

理论联系实际的目的是为了利用实际来检验所学知识并巩固所学知识，同时为了让学生更有兴趣地学习，不是抛开系统的知识、脱离教学目标去一味地联系实际。因此，教师在教学过程中首先应该注重知识的系统性和连续性，应该围绕教学目标、教学内容以及学生情况恰当联系实际。比如，前面的案例《我是谁?》中，整节课的教学目标和教学内容都不清楚。老师上课就问“我是谁”看似联系实际，可学生面面相觑，不知怎么回答；老师让学生自己写汉字，但毫无目标和重点；老师让学生唱歌，不仅与本课内容毫无关系，而且费时过多。

三、启发创造原则

（一）启发创造原则的含义

启发创造原则是指教师在教学中启发诱导学生学习，最大限度地调动学生学习的主动性，激发学生的创造性思维，从而使学生在掌握知识的同时，充分发展自己的学习能力和创造能力。

（二）在教学中如何遵循启发创造原则

启发创造原则的核心是“启发”，目的是“创造”。因此在教学中教师应该做到：

1. 建立良好的师生关系

教学是教和学的互动过程，教师有“启发”，学生主动去探索，这是理想的教学状态。但如果教师只是启发，学生没有回应和探索，那“启发”就失去了效用。因此，只有教师与学生保持良好的关系，教学过程中才有“教”和“学”的完美互动，“启发”才有效用。

2. 善于创设问题情境

教师应该能够围绕教学目标和教学内容，经常创设有针对性的情境，启发学生独立思考，训练学生独立解决问题的能力，这样才会有学生自己的“创造”。

3. 引导学生探索并掌握学习方法

教学的最终目的是“学”，即学生学会学习。因此，在教学过程中，教师应该在启发的过程中，引导学生学会学习方法。

摩肩接踵①

老师给出一张图片：大街上的人非常非常多。

老师：请大家根据图片说出一个成语来。

学生：人山人海，人来人往……

老师：你们看这些人全部都是挤在一起的，走路都很困难呢。这种情况我们还可以用哪个成语呢？想不想知道？

学生：（齐声）想。

老师板书“摩肩接踵”。

老师：请同学们看看这个词语里哪些字是你认识的？

学生：肩、接。

老师：（指着图片上的人）大家请看，他们是不是肩膀靠着肩膀，脚挨着脚？那肩膀靠着肩膀，可以用哪个词来说呢？请看刚才的成语“摩肩接踵”。

学生：摩肩。

老师：那脚挨着脚呢？

学生：接踵。

老师：你们太棒了！请大家注意，“踵”是脚后跟（老师抬起自己的脚后跟），

---

① 选自暨南大学华文教育专业某次华文模拟教学实录，教学对象是海外小学六年级第二学期的学生。所用教材是北京华文学院编写的《汉语》第12册第1课《晏子使楚》。

"接踵"的意思就是"脚挨着脚"。所以，请大家想一想，"摩肩接踵"说明人多不多呢？

学生：很多。

老师：什么样的情况下，在哪里人们才会摩肩接踵呢？

学生：商场里。

老师：请大家用完整的句子说一遍。

学生：商场里的人摩肩接踵。

老师：说得非常好！

老师板书句子"商场里的人摩肩接踵"，并请大家特别注意"踵"的写法，同时请同学们写在本子上。

老师：还有什么情况下，人们会摩肩接踵呢？

学生：（思考……）

老师：你们下课后，楼道里会怎么样？

学生：摩肩接踵，挤死了。（大笑）

…………

思考：请仔细分析一下，以上教学过程哪些地方比较好地遵循了启发创造原则？

四、循序渐进原则

（一）循序渐进原则的含义

循序渐进原则是指教学要结合学科的逻辑结构和受教育者身心发展的实际，有次序、有步骤地进行。即一方面，教学应该适应人类认识由简到繁、由易到难、由直观到抽象的规律，使受教育者可以系统地掌握基础知识和基本技能；另一方面，教学也应适应受教育者身心发展的特点，促进受教育者身心健康发展。

（二）在教学中如何遵循循序渐进原则

在教学中，教师和学生只有做到恰当地"循序"，学生本身才能更好地"渐进"。

1. 教学要把握好教学内容的顺序

教师在教学过程中应该合理安排教学内容或者引导学生自己安排好教学内容，为循序学习做好准备。合理安排顺序的依据就是前面提到的"由简到繁、由易到难、由直观到抽象"的规律。

思考：一位华文教师即将讲解以下词语，请你帮他给这些词语排顺序。

①海滩　②景色　③整齐　④冬眠　⑤候鸟

⑥洞　⑦迁徙　⑧挖　⑨食物　⑩喜鹊

2．教学要把握好教学过程的顺序

根据之前的教学过程理论，教学一般包括启动、定向、感知、理解、巩固、运用、检查和评价等几个阶段。“启动”即引发学生学习动机，“定向”是向学生说明教学目标，“感知”是让学生明确教学内容，“理解”即学习新内容，“巩固”一般指课堂练习，“运用”常指独立完成作业，“检查和评价”即通过检查练习和作业等以评估学习效果。

3．教学要按照受教育者的年龄和身心发展特点来进行

教学要按照受教育者的年龄和身心发展特点来进行，这是教育教学的基本规律。每一个年龄段的受教育者都有其特有的年龄特征，教学不能超越受教育者的年龄阶段。当然教学如果远远落后于受教育者的年龄和身心发展水平，也是不合适的。

五、因材施教原则

（一）因材施教原则的含义

因材施教原则是指教学要从受教育者的实际出发，根据不同教学对象的具体情况，采用不同的方法，进行不同教育，以使每个受教育者都能在自己原有基础上得到充分发展。这一原则是受教育者身心发展的客观规律在教学中的反映。

（二）在教学中如何遵循因材施教原则

1．深入了解学生，恰当地因材施教

教师应当了解每个学生的具体情况，包括性格特点，各学科的学习情况，有何兴趣、爱好、特长以及不足之处，然后有目的地因材施教。比如，对反应慢的学生，要多鼓励他们积极思考，勇于回答问题；对反应快而态度马虎的学生，可以适当提高要求，给他们难度较大的作业；对语言表达能力不强的学生，要多鼓励他们在课堂上做复述或发言；对注意力经常不集中的学生，要多提问或者暗示，培养他们的自控能力；对视、听觉不好的学生，要照顾他们坐在比较适合的地方；对学习感到很轻松或很困难的学生，要加强个别辅导等。

2．把“因材施教”和“统一要求”结合起来

基本上，每个学校、每个班级、每门课程都有其特定的教育或者教学目的，因此

教师在进行因材施教时要能够恰当地兼顾“统一要求”。一方面根据学生的个别差异进行差异教学，另一方面也要照顾到教育目的、课程标准、教学目标和教学内容等其他方面的要求。

思考：你自己是如何理解“因材施教”的？

六、巩固性原则

（一）巩固性原则的含义

巩固性原则是指教师在教学过程中根据记忆和遗忘规律，采用各种方法引导学生掌握所学知识和技能，使之能够经久不忘、灵活运用。

（二）在教学中如何遵循巩固性原则

记忆的客观规律主要有时间律、数量律、迁移律、强化律、对比律和意向律等几种。[①] 教师在教学过程中应根据这些规律来安排教学。

1. 引导学生及时总结和强化，教给学生复习方法

根据时间律，随着时间的流逝，人们记住的东西会遗忘，遗忘的过程是先快后慢，最初会很快。根据强化律，重复的程度对记忆效果也有很大影响。因此，教师在教学过程中需要引导学生对所学的知识和技能进行及时总结和强化（复习）。当然在强化时，教师需要采用不同的方法，比如归类、画图、制表等。对于同一内容最好从多角度进行强化，比如采用填空、判断、选择的方式，同时发挥学生多种感官的作用，听、说、看、做等多种形式配合进行，巩固的效果会更好。

2. 合理安排教学内容，讲授时重点突出、条理清晰

根据迁移律，人们的不同记忆活动之间会产生影响，即正迁移和负迁移。根据数量率，学习材料的数量越多，记忆的难度越大。教师如果对学习的材料安排不当，就不利于学生的记忆。因此，教师在教学中需要对教学内容进行合理安排。比如，不能贪多求快，对于内容较多的记忆材料，应该分成几个部分，以降低学生的记忆难度。同时，为避免不同学习材料间的互相干扰，教师需要在讲课时突出重点、条理清晰。

3. 适时引导学生把新旧知识联系起来

根据对比律，在相同条件下，记忆有意义的材料要比无意义的材料效果好。无意

① 朱建国. 看完就用的超凡记忆术：一本书让你成为记忆最好的人［M］. 北京：中国华侨出版社，2015：56.

义的材料很难与原有的知识建立联系。因此，教师在教学过程中，应该引导学生进行有意义记忆，引导学生将新知识与原有的知识联系起来。

4. 优化学生心态

根据意向律，人的记忆力与其主观能动性有直接关系。即记忆力与人的主观努力、兴趣和需要等有很大关系。通常人们对于自己感兴趣的东西更容易记住，也会记得更长久。因此，在教学过程中，教师需要使学生保持良好的情绪状态，使他们有明确的识记目的，而且要使他们增强记忆的自我效能感。

5. 强化作业和其他实践活动

组织好各种作业甚至实践活动，特别要注意对学生知识质量的检查与评定，这些都是在引导学生强化学习结果，更好地巩固学习结果。

思考：根据巩固性原则，你将如何教“离”这个知识点？

七、整体协调原则

（一）整体协调原则的基本含义

教学的整体协调原则总的来说是指在教学过程中要协调好各个方面，保证教学良好效果的实现。“各个方面”主要体现在教学要促进学生全面发展；教学要照顾到每个学生；教学要能够比较好地组织各教学要素。

（二）在教学中如何遵循整体协调原则

学生是作为整个人来参与教学过程的，教学也应该是一个全面的过程，以此促进学生全面发展，因此在教学过程中，教师应该：

1. 做到知识传授、发展智商、培养情商和提升能力的统一

教学不仅仅是传授知识、技能，从而提升学生的知识和能力，更重要的是，在传授知识和技能的过程中，渗透着对学生学习动机、兴趣、意志、情感等情商因素的影响。在文科类学科教学中，这一点比较明显。在自然学科的教学中也一样，比如，很多教师会穿插相关科学家的人物传记，培养学生情商；让学生自己动手做实验，提升动手能力以及分析问题、解决问题的能力。

2. 做到“个别”和“全体”的统一

教学要面向全体学生，促进每个学生的发展。

3. 做到教学中各个要素的统一

在教学过程中，教师需要了解教学对象，明确教学目标，清楚教学内容，明了教

学方法及各种教学手段，并且能够把它们恰当地统一在一起，以达到更好的教学效果。

思考：如果你是华文教师，现在请你来设计《狼和小羊》[①] 这篇课文的教学过程，根据整体协调原则，你会考虑哪些方面？

第二节　教学方法

在过去的几个世纪里，世界观和价值观的转变带来教学观的转变，最终带来了教学方法观的转变。从文艺复兴以后，人类的世界观、价值观由以神为本转到了以人为本，进而又转到了以儿童为本。欧洲中世纪，教学的根本目的是培养神的虔诚的信徒，以神为中心。后来科学技术不断进步，工业生产不断扩大，与之相适应的现代学校逐步产生和发展，教育教学的目标就转变成了培养儿童，使之有一技之长，掌握进工厂当工人必需的科学基础知识和基本技能，教师是教学的中心。而这种教学只解决了物质层面的问题，没有解决儿童的信仰、道德和理想等这些精神层面的问题，儿童从学校出来，成为畸形发展的人。因此针对这些问题，教学开始从成人中心转向了儿童中心。儿童是发展的，他们发展的潜能是无限的，因而教学就是要发现儿童的潜能，让儿童成为一个现实生活中的幸福者。

在教学方法观上，古代重视的是教法（teaching method）。后来随着心理学的兴起转向重视学法（learning method）。但是这两种方法都是极端的，因而有学者主张教与学方法（method of tcaching and learning）。而到了 20 世纪中期，人们普遍认为教学是一个引导的过程，强调教与学的统一，开始提倡教学方法（method of instruction）。不仅从理论上，也从实践上形成了这样的转变。

一、教学方法的概念

“教学方法是为了达成一定的教学目标，教师组织、引导学生进行专门内容的学习活动所采用的方式、手段和程序的总和。”[②] 因为教学活动是教与学的双边或多边互动活动，所以教学方法就包含了教师的教法（教师为完成教学任务所采用的方式）、

① 中国华文教育网，http：//www. hwjyw. com/fj/jcxz/zhongwen/5/4. pdf.

② 扈中平，李方，张俊洪. 现代教育学［M］. 2 版. 北京：高等教育出版社，2005：6.

学生的学法（学生在教师指导下获得知识、形成技能、发展能力和发展个性过程所使用的方式）、教与学的方法（教学过程中教师为了完成教学任务所采用的教授方式和学生在教师指导下的学习方式）。

教学内容决定教学方法，教学方法也会对教学内容产生制约甚至决定作用。但是一切教学活动的基点是目标，而内容只是实现目标的素材。因此目标和内容分别制约着教学方法，而目标和内容之间的关系则决定着教学方法。

二、教学方法的分类

有学者将教学方法分为操作性教学方法、原理性教学方法和技术性教学方法三大类。①

（一）操作性教学方法

操作性教学方法是诸如汉语课的分散识字法、美术课的写生教学法、音乐课的视唱教学法和外语课的听说教学法等，是学校不同科目所具有的独特而具体的教学方法。方法与内容相结合，有着固定的程序和方式，一旦掌握了便可立即操作。这个层次的教学方法具有具体性、与内容的结合性、固定程序性和可操作性。

分散识字法②

分散识字法是指教师教学生生字时采用随课文分散识字的方法。它的创始人是中国著名基础教育家斯霞。

斯老师的具体做法是：首先，教好汉语拼音和一批独体字，给学生以识字的工具。之后，就让学生随课文识字。这种识字法的特点是，使生字新词的出现和讲解都在具体的课文语言环境中进行，做到“字不离词、词不离句”。例如，斯老师教第一册《我们爱老师》这一课中的两句话“我们是祖国的花朵，老师是辛勤的园丁”时，其中“花朵”“园丁”都是新词，离开句子单独讲“花朵”就是一朵花，“园丁”就是种花栽树的工人。但这儿的“花朵”指的是小学生，把小学生比作鲜艳的花朵；这儿的“园丁”指的是老师，把老师比作辛勤的园丁。教学时，斯老师把生字新词与全句联系起来教，并配合幻灯、实物，引导学生认识他们亲眼看到的“花朵”和“园丁”；学生不但认识了生字新词，还懂得了这个比喻句的含义。

---

① 黄甫全. 关于教学、课程等几个术语含义的中外比较辨析［J］. 课程·教材·教法，1993（7）.

② 戴宝云. 新课程小学语文实用教学90法［M］. 广州：广东教育出版社，2004：16－17.

具体到一篇篇课文教学时，是先教生字还是直接教课文，斯老师一般有两种处理方法：课文较短，生字、新词不多的，就将生字和课文内容结合起来教；学生既学了生字，也读懂了课文，又受到了思想教育。课文较长，生字、新词又多的，则采取先教生字、新词，再讲读课文的方法。如《小壁虎借尾巴》，全文有330多字，生字、新词有21个，斯老师就在第一课时教完生字，第二课时讲读课文。因为生字的障碍不扫除，学生读通课文就有困难，所以得先教生字、新词。当然，教生字时也要注意联系课文。

（二）原理性教学方法

原理性教学方法，如启发式教学方法、发现教学法和注入式教学方法，是教学理论在教学实践中的体现，没有固定的程序和步骤，高度抽象化和概括化，不具有操作性，因此不能够直接运用到学校的教学实践中，要通过影响教学主体的思想观念来逐渐渗透到教学实践中。这个层次的教学方法具有抽象性、广泛适用性、程序非固定性和原理指导性。

（三）技术性教学方法

技术性教学方法介于操作性教学方法和原理性教学方法之间，如讨论法、讲授法、练习法和演示法等，每种方法都适用于多个学校科目的教学。这个层次的教学方法上受原理性教学方法的指导，下与操作性教学方法相结合，成为一个中介。

1. 讨论法

讨论法是在教师的组织和引导下，学生主要以小组为单位，围绕教学内容中的中心问题发表各自的想法，互相交流，从而获得知识或巩固知识的一种教学方法。

这种教学方法的一般做法是：①讨论前，教师需要结合教学内容、教学目标以及学生实际情况提出讨论的题目、思考提纲和具体要求。②讨论过程中，教师要善于营造和谐气氛，注意对学生的启发引导，鼓励学生大胆地发表意见，但又不能离题太远。③讨论结束时，教师要进行及时总结或者引导学生对所讨论的问题进行总结，并对结论进行合理解释。

话题讨论法与留学生汉语教学①

吕可风对话题讨论法的介绍对留学生汉语教学有一定的借鉴意义。他认为在对外汉语教学中，话题讨论法大概需要经历这样几个阶段：

---

① 吕可风. 话题讨论法在对外汉语教学中的运用［J］. 杭州大学学报，1996（12）：158－162.

第一，严格训练学生的语音语调，使之掌握一定的词汇和句型。在这个阶段不仅要教学生掌握教材上规定的词汇、句型和部分对话，还应教他们学会造句、套用句型，以至会模仿教材编对话，为第二阶段的口语训练打好基础。

第二，创造语言环境，引导学生做自我叙述，鼓励学生尽可能应用已学过的词汇和句型，甚至鼓励他们借助工具书，运用未学过的词汇来充实自己的叙述。

第三，根据教材内容，初步引导学生进行话题讨论。学生仍然需要从课本上获得大量有用的词汇和句型。

第四，自由命题。让班上每个学生轮流根据自己感兴趣的问题提出话题，并首先发表自己的看法，然后由班上其他同学对其提出的话题进行讨论或争论。

吕可风在文章的最后说，实践证明，在外籍学生学习汉语的渐进过程中，话题讨论法能为他们提供多听、多说连贯语言的场合和机会，从而培养他们运用所学词汇和语法规则连贯表达自己的思想、观点以及与人交际的能力，并不断增强他们的学习兴趣，促使他们达到较高的汉语水准。

2. 讲授法

讲授法是指教师通过口头语言向学生系统连贯地传授知识的方法。它是教师使用最早、应用最广的教学方法，可用于传授新知识，也可用于巩固旧知识，其他教学方法的运用，几乎都需要同讲授法结合进行。

一般来说，讲授法主要分为讲述、讲解、讲读和讲演等几种形式。

讲述的方式有叙述和描述两种。采用讲述法要求教师把教材语言、教案语言转换成讲述语言：变繁为简、变深为浅、变抽象为具体、变呆板为生动，变书面语言为口头语言，变一般交际用语为学科讲述语言，[①] 做到讲述语言通俗易懂、生动有趣。

讲解侧重于讲理。其主要任务是使学生理解教学内容，培养学生分析问题、解决问题的能力。对于教师来说，讲解时必须做到条理清晰、重点突出，不仅讲知识，还要讲方法，使学生理解教学过程，从而获得知识和思维方法。对于学生来说，需要主动积极地听，把听和思考结合起来。

讲读主要用于语言教学。讲读中的“讲”有五种方式：①范读评点式。即范读一段，评点一段。②词句串讲式。即范读时板书重点词句，读完后再把板书的词句串联起来讲授。③归纳讨论式。即读到容易引起学生思考或探究的地方，就提出讨论问题，学生发言，教师做小结。④比较对照式。即读完课文后，将文中不同的人、事、

① 余文森. 教授法及其改革［J］. 中小学教学研究，2001（2）：5.

物进行比较，在对比中讲授知识。⑤辐射聚合式。把讲读的课文向已学过的文体相同、主题相近、写法相似的课文“辐射”，再聚合成知识规律。讲读中的“读”包括教师的读和学生的读。教师的读要根据课文内容，用不同的语气、语调、语速、重音和停顿表达不同的情感，同时充分运用自己的面部、手势和体态表情。学生的读也要求进入角色有情感地读。①

讲演是指教师用语言对教学内容进行较长时间的系统分析、论证并得出结论的一种讲授方式，主要适用于中学高年级以上的课堂教学。

3. 练习法

练习法是在教师指导下，学生运用所学知识、技能解决同类课题从而形成技巧的教学方法。

运用练习法的基本要求是：①学生对所学知识有充分的理解时再开始练习，否则，通过练习会强化错误的概念；②应有明确的练习目的和要求；③应精选练习材料；④应有正确的练习方法；⑤应适当分配练习的数量、次数和时间；⑥应及时检验练习的结果；⑦培养学生主动、独立完成练习并自我检查的好习惯。②

4. 演示法

演示法是指以形象的形式呈现教学内容，促进学生深化认识从而掌握知识和技能的教学方法。

根据演示物的不同，演示可以分为图形演示、实物演示、模型演示、实验演示、动作演示、模拟演示等。

运用演示法的基本要求是：①演示目的要明确。演示目的要和教学目标保持一致。②演示要做好充分准备。演示的内容、演示用的材料、预先的演练、演示的步骤、演示的场地等都要有详细的计划。③演示应与讲解、问答结合起来，引导学生在观察的同时对所学知识、技能进行思考和分析，以便在获得知识和技能的基础上发展思维能力。③

除了以上各教学方法外，谈话法也是常用的教学方法之一，即通过师生问答的形式帮助学生获得知识的一种教学方法。这将在本章第三节的“教学提问艺术”中详细说明。

各教学方法都有其优点和局限性，在实际教学中，教师需要结合具体情况来组织教学活动。选择教学方法时，需要考虑教学目标、教学内容、学生状况、教师自身素

---

① 余文森．教授法及其改革［J］．中小学教学研究，2001（2）：6.

② 王敬东．教学法辞典［M］．济南：山东教育出版社，1992：210.

③ 王维臣．现代教学：理论和实践［M］．上海：上海教育出版社，2012：91.

质、教学方法本身的特点以及教学时间等，通过综合众多因素来确定教学方法的最优组合，以确保教学效果最优化。

第三节　教学艺术

艺术没有确切的定义，不过大家公认的艺术特点有形象性、情感性、虚拟性、审美性等。形象性是指艺术作品的具体、鲜明、可感的程度。艺术作品在外观上通常是生动、可观的。情感性是指情感贯穿于艺术创造活动的始终，如果没有情感，就不能称为艺术。虚拟性是指艺术是人们的经验世界以外创造出的一种幻象世界，它基于现实世界又超越现实世界。审美性是指人们在艺术创造活动中对美的事物的体验、鉴赏和认识等。① 由此看，教学也具有艺术的特征。教学需要众多形象化的手段，教学需要教育者和受教育者富于情感，教学需要给教育者和受教育者美的享受，教学内容来自现实又在一定程度上高于现实。除此之外，教学艺术也和一般的艺术一样具有科学性和创造性。

一、教学艺术概述

1. 教学艺术的定义

教学艺术就是教师娴熟地运用综合的技能技巧，按照美的规律和原则进行的独特的创造性教学实践活动。②

2. 教学艺术的类型

从不同角度出发，教学艺术可分为多种类型。根据时代的不同，教学艺术可分为古代教学艺术、近代教学艺术、现代教学艺术、当代教学艺术；根据学生受教育的层次，教学艺术可分为学前教学艺术、小学教学艺术、中学教学艺术、大学教学艺术；按照教学中不同学科的特点，教学艺术可分为社会学科教学艺术和自然学科教学艺术；从实施过程来看，教学艺术可分为备课艺术、上课艺术、测评艺术，其中上课艺术是主体，还可分为导课艺术、讲解艺术、提问艺术、板书艺术、语言艺术、非语言艺术等。

---

① 欧阳周，黄柏青. 艺术导论［M］. 长沙：中南大学出版社，2008：23－28.

② 李如密. 教学艺术论［M］. 济南：山东教育出版社，1995：84.

二、教学导课艺术

教学上的导课，即“导入新课”，教师在新的教学内容开始之前，先通过一定的方法引导学生逐渐进入新课。好的导课能够集中学生注意力，提升学生学习兴趣，保证教学有良好的开端。导课需要围绕教学目标和教学内容进行，能够引起学生的求知欲，但在整个教学过程中，不能占用太长时间。教学中经常用到的导课方式有复习、解题、设疑、直观、对比、即兴等。

1. 复习导入

复习是最常用的导入方式。学习新课前，教师围绕教学目标引导学生回忆上次课所学内容或与新课相关的其他旧知识，在巩固旧知识的基础之上再学习新知识。需要注意的是：复习导入的时间不能过长，不能把“导课”变成“复习课”。因此，复习时一般只复习重点、难点以及与新知识联系密切的内容即可。不过，如果复习时发现学生对相关旧知识的掌握还远远不够扎实，教师也可适当增加复习时间，同时提醒学生下课后重点复习哪些内容。

2. 解题导入

课题是教学内容的浓缩。在学生学习新课前，教师恰当解释课题，不仅能自然地引领学生进入新课学习，而且能使学生大致了解教学内容，为进一步学习新课打下基础。某华文教师在讲《司马光砸缸》① 这篇课文时，直接从课文题目入手，问学生：“缸”是什么？学生马上回答了教师的问题。教师接着问：那司马光为什么会砸缸呢？现在我们一起来看课文。这样就自然引导学生进入了新课文的学习。

3. 设疑导入

设疑即设置情境问题。在学习新内容之前，教师先根据教学内容设置情境并提出问题，引导学生带着问题去学习新知识，这样就能激起学生的求知欲。同样是讲《司马光砸缸》，某华文教师在解题导入的基础上，进一步设疑：“司马光和小朋友一起玩，其中一个小朋友掉进了大水缸里。这该怎么办呢？这个小男孩儿被救出来了吗？今天我们就来学习新课文，看看小男孩儿被救出来了没有。”这样的设疑导入更能激起学生的好奇心。

4. 直观导入

形象生动的事物更能引起学生兴趣。在学生学习新内容之前，教师根据具体情况

---

① 中国华文教育网，http：//www.hwjyw.com/fj/jcxz/hyjc/5/10.pdf.

出示相关实物、图片、模型、视频等，或演示、表演，或讲故事、猜谜语等，先从直观形象上吸引学生进入新内容的学习。比如，在讲《万里长城》[①] 时，某华文教师先播放了一小段长城的纪录片，长城的雄伟与壮观立刻吸引了学生的眼球。看完视频，学生们迫不及待地读起课文来。针对直观导入，教师应该特别注意，直观是为了帮助学生学习新内容，不能脱离教学内容和教学目标进行长时间的直观演示。

5. 对比导入

有时候，用对比的方式来导入新课，学习效果也会明显增强。比如，对于“了”的用法，学生已经在之前学过“了”位于句子结尾时的用法，而在《妈妈买了很多苹果》[②] 这一课中，需要学习“了”在动词之后的用法。于是某华文教师就在黑板上写出两个句子：“妈妈买苹果了；妈妈买了很多苹果。”让学生观察和思考第二个句子中的“了”与第一个句子中的“了”有什么区别。接着教师引导学生对此稍作对比之后才真正开始讲解“了”的第二种用法。学生不仅复习了“了”的第一种用法，也清楚了两种用法的不同，从而更好地掌握了“了”的第二种用法。

6. 即兴导入

机敏的教师会根据课堂上的实际情况设计或者转变导课方式，这就是“即兴导课”。某华文教师这节课要教《徐悲鸿的故事》[③]，她一到教室就发现了黑板上的“猫”，画得活灵活现。于是一上课，她就问：“请问这是哪位画家画的呀，画得真是太好了!”同学们纷纷说是王同学画的。教师接着说：“原来我们班也有这么棒的画家呀，那今天我给大家介绍一位更厉害的中国画家——徐悲鸿。我们班的王同学喜欢画动物，徐悲鸿也喜欢画动物，希望王同学以后也成为像徐悲鸿一样的大画家……”同学们一听，兴趣一下子就起来了。

行动：请设定你的教学对象，并找一篇适合他们的课文，看看你能设计几种导课方式。

三、教学语言艺术

语言是有力量的，教师的教学用语只有有力量，才能更好地提升学生的学习兴趣，达到更好的教学效果。因此，在教学过程中，对教师的语言也有一定的要求。

---

① 中国华文教育网，http：//www. hwjyw. com/fj/jcxz/zhongwen/7/7. pdf.

② 中国华文教育网，http：//www. hwjyw. com/fj/jcxz/hyjc/4/12. pdf.

③ 中国华文教育网，http：//www. hwjyw. com/fj/jcxz/zhongwen/8/10. pdf.

1. 表达清晰、用语规范

表达清晰主要指教师的发音要标准，表达的内容和观点要准确清楚，特别是教语言课的教师，更应该做到发音标准。用语规范主要是要求教师用科学的语言、准确的词汇和语法等来讲解教学内容。只有这样，学生才能更加透彻地理解学习内容。

2. 形象生动、幽默风趣

形象生动、幽默风趣的语言能够使教学妙趣横生，更容易抓住学生的注意力，更能激发学生的学习兴趣。特别是对于难度较大、比较枯燥的学习内容，教师更应该深思如何做到“形象生动”。另外，在教学中适当地穿插简单的小故事、笑话，增强教学的幽默感，就能让学生在整个教学过程中保持愉悦的学习状态，学习效果自然会大大提升。

3. 抑扬顿挫、饱含情感

抑扬顿挫是指声音的高低起伏和停顿转折。教师讲课时，应该明确哪些地方需要大声，哪些地方需要小声，哪些地方需要停顿，哪些地方需要快一些，哪些地方需要慢一些。同时饱含情感地讲课，富于情感的语言才能感染学生。

4. 有条有理、重点突出

教师在讲课时应根据学生的思维顺序逐层讲解，使教学内容层次分明、有逻辑性；同时，讲解应突出重点，重要的地方可以讲解的时间长一些，不太重要的地方就略讲。

四、教学提问艺术

课堂教学过程中，提问是教师最常用的教学方式，即教师采用“问答”的形式进行教学。提问并不意味着想问什么就问什么，想怎么问就怎么问，想什么时候问就什么时候问。提问需要遵守一定的原则。

1. 目的明确、主题恰当

教学不能脱离教学目标。提问也应紧紧围绕教学目标来进行，不能为了提问而提问。提问还应该紧密结合教学内容，针对相关重点、难点、转折点、异同点等设计问题，不能随意提问。

2. 启发性强、评价适时

提问的主要目的是启发学生通过独立思考来掌握相应知识，因此教师设计的问题应该能够促进学生思维，应该尽可能设计开放性问题，给学生留下足够的思考空间；提出问题后，要给予学生一定的思考时间；如果学生答不上来，教师还应给予相应的引导或转变提问的角度再问一次。另外，在学生回答之后，教师应给予评价，指出优点与不足。

3. 方式多样、面向全体

课堂提问中最常用的方式是口头提问，然而如果整个过程中只有口头提问，课堂教学就会显得单调乏味。因此，除了口头提问，教师还可以采用动作提问、表演提问、画图提问、习题提问、情境提问等方式。当教师向学生提问时，应考虑学生的实际水平，问题的难度太大或者太小，都会打击学生学习的积极性。提问时还应照顾到全班同学的积极性，尽量给每个学生回答问题的机会。在提问主体上，除了教师向学生提问，也可以由学生向教师提问，还可以由学生向学生提问等。

五、教学板书艺术

教学板书是指教师在教学用具（主要是黑板或白板）上通过书写文字或者符号等来进行教学的活动。板书并不是把教学内容全部抄到黑板或白板上，只有运用一定策略进行巧妙设计过的板书才能吸引学生的注意力。板书更不是想写什么就写什么，需要遵守一定的规则和要求。

（一）板书的基本要求

1. 目的明确、概括性强

板书的目的是为了帮助学生了解教学内容的重点、难点等，是学生课下复习的重要依据。因此板书必须紧紧围绕教学目标，浓缩教学内容。比如教学中的主要观点，教学内容中的要点与难点，课堂讨论的主要结论，课堂上即时生成的重要内容，比较难写的字词，重要的图表、图示、公式以及演算过程等，借助于板书，可达到更好的教学效果。

2. 条理清晰、详略得当

板书应该条理清晰，突出教学过程的逻辑性；也要详略得当，不过于简单，也不过于繁杂。以此引导学生明了教学内容的顺序，清楚教师的讲解过程。

3. 布局合理、富于美感

板书文字应写正楷，工整流畅，图像符号清晰，布局匀称得体，大小颜色适中，图文并茂，给人美感。好的板书更能激发学生的学习兴趣。

（二）板书的主要类型

从不同的角度出发，板书可以分为多种类型，常见的板书形式有以下几种：

1. 要点式板书

要点式板书，即把教学内容中重要的知识点写在黑板上，主要有两种形式。一种是分散性的要点，可能是无序的。比如华文教学中重要的汉字、词语或者语法等。一种是提纲式的要点，即把整个教学内容的要点按照一定的逻辑结构在教学过程中依次板书出来，就像一篇文章的目录一样。比如：

（1）“弄” +……

他把手机弄坏了。

他把钱包弄丢了。

（2）V + 也 + V + 不……

菜太多了，吃也吃不完。

衣服太小了，穿也穿不上。

再如，《唐人街的国庆节》① 这一课。这篇课文通过描述国庆节这一天唐人街上的景象，突出了“真热闹”这一主题。因此，当学生读完和理解课文之后，教师可以引导学生总结课文主题，再引导学生去读课文，找出课文中哪些方面的描述突出了这一主题，这样就慢慢形成以下的板书，教师还可以根据以下板书复述课文。

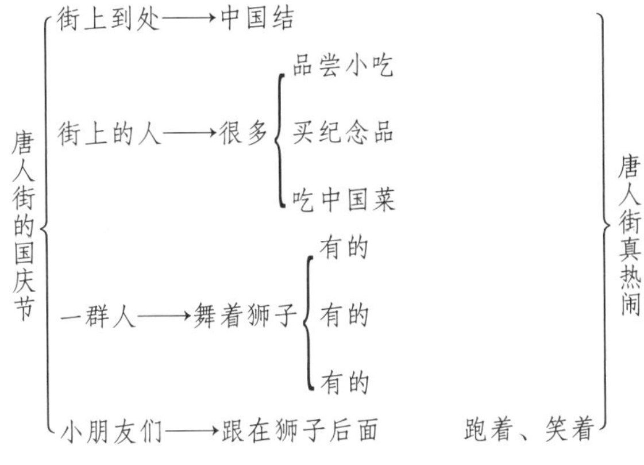

2. 形象化板书

形象化板书主要是用图画来展示教学要点。比如某华文教师在讲解“海枯石烂”一词时，先在白板上画了一片大海，然后画一个已经干涸的海岸。旁边写上“海枯”并引导学生说：大海要经过多长时间才会干涸？然后又画了一块大石头，再画一些小

① 中国华文教育网，http：//www.hwjyw.com/fj/jcxz/hyjc/6/4.pdf.

石头，最后画一堆沙子，旁边写上词语“石烂”。教师继续引导学生：石头要经过多长时间才会自然而然地变成沙子？在教师的形象化板书和语言引导下，学生明白了这样的事情是不容易发生的，从而理解了“海枯石烂”的意思。

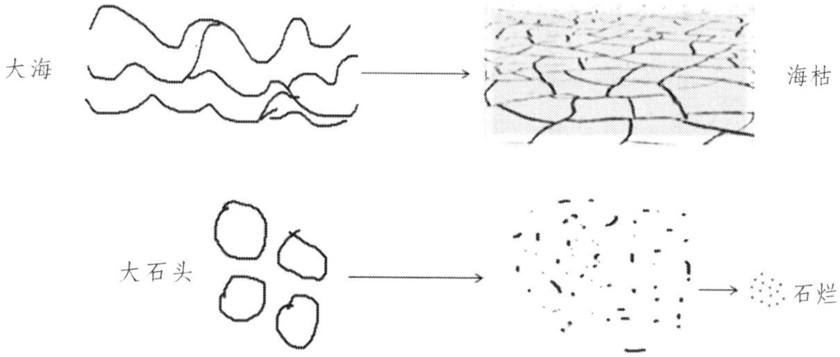

3. 表格式板书

用表格的形式来板书教学内容，可以高度浓缩教学内容要点，使得教学内容一目了然。某华文教师在讲《今天的天气怎么样》① 这篇课文时，就利用了表格式板书，而且是在学生参与的情况下逐步完成的。同学们读完课文之后，教师先在白板上画一个表格，然后提问。教师问：课文中提到了哪几个季节？学生答：春天、夏天、秋天、冬天。教师请4位同学到白板前面，把四个季节分别填写在表格的左边。教师接着问：每个季节的天气怎么样呢？教师又请4位同学把相应的天气情况填写在表格的右边。然后根据表格里的内容让同学们互问问题，进行交际训练。

今天的天气怎么样

春天	暖和
夏天	很热
秋天	很凉快
冬天	很冷

① 中国华文教育网，http：//www.hwjyw.com/fj/jcxz/hyjc/3/44.pdf.

4. 对比式板书

对于一些容易混淆的知识点，通过对比的形式进行板书，可以帮助学生很好地区分它们的异同点。比如在学习“快要……了”和“就要……了”语法点时，很多同学弄不清楚这两个语法点的区别，常常乱用时间状语。合理的板书就可以帮助学生克服这一困难。

我叔叔**快要**结婚了。　　√

我叔叔下个月**快要**结婚了。　　×

我叔叔**就要**结婚了。　　√

我叔叔下个月**就要**结婚了。　　√

5. 替换式板书

替换式板书对于引导学生做相关练习非常有帮助。比如讲“把”字句时，可以列出如下板书，让学生反复练习。

我	把	鲜花	放	在	桌子	上。
		衣服	挂		衣架	
		问题	写		白板	
		画	贴		墙	

6. 线索式板书

一些教学内容具有很强的顺序性，比如空间顺序、时间顺序、逻辑顺序等。这种情况下，线索式板书可以帮助学生很好地掌握教学内容。比如讲《颐和园》[①] 这一课时，教师可以把自己想象成导游，借助于图片，在黑板上画出路线图，就像导游带领学生参观颐和园一样。

① 中国华文教育网，http：//www. hwjyw. com/fj/jcxz/zhongwen/4/2. pdf.

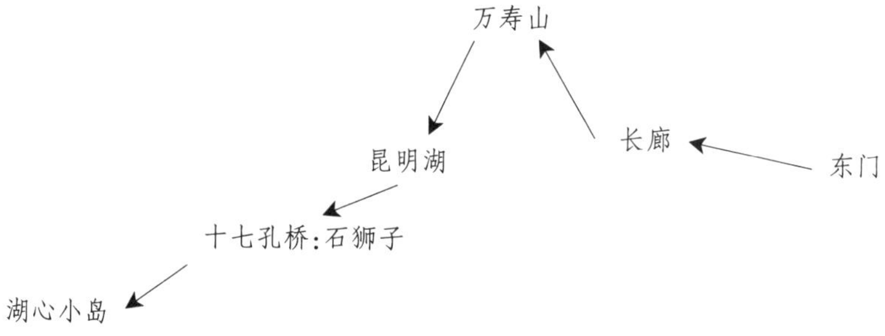

颐和园的景色真美啊!

板书的形式远远不止这些，每一位教师都应该把钻研教学作为一种职业习惯，根据教学内容、教学目标、学生实际情况、客观条件等设计出最优化的板书。

课件与板书①

我们不拒绝课件，但我们也要警惕课件的泛滥。课件要用，就要用在刀刃上，否则师生就成了课件的奴隶，成了被动的工具。在设计使用画面之前，教师要多问问自己：“语文课上，非如此不可吗?”

黑板已经被多数教师遗忘。教学《风》这节课，教师连一个字都没有写，大屏幕出现的是艺术字体。这就造成一节课后，学生连“风”的最后一笔是不是“横折弯钩”也不清楚。语文课的生字教学应该更严谨，凡是出现的字，一定要正确、规范，尤其对一年级的学生。

《这儿真好》的教学，教师只是贴了两幅图，然后画了一些画，虽然三次画画是为了解释词语，但为什么不把词语写在黑板上?更不解的是，为什么低年级的课没有教师指导写字?

六、教学非语言艺术

(一) 教学非语言艺术的含义

1. 非语言

非语言（non-verbal），也叫作身体语言（body language），是指人身体的动作变化

① 窦桂梅. 做有专业尊严的教师［M］. 桂林：漓江出版社，2015：76.

所传递的信息或表现的意义。20 世纪 50 年代一位研究肢体语言的先锋人物麦拉宾（A. Mehrabian）发现：一条信息所产生的全部影响力中，7% 来自于语言（仅指文字），38% 来自于声音（其中包括语音、音调以及其他声音），剩下的 55% 则全部来自于无声的肢体语言。① 以上研究对教学有着重要启示。

2. 教学非语言艺术

教学非语言艺术是指教师创造性地运用非语言因素进行教学的技能技巧的总称。在教学过程中，教师的表情、眼神、手势、仪态、所处的空间位置等，如果运用得当，都可以大大激发学生兴趣，提升教学效果。

（二）教学非语言艺术的类型及运用

1. 表情

表情是人内心情绪的反映，教师的情绪会通过表情影响到学生。因此，教师应该学会控制自己的表情。一般来说，除了教学本身需要，教师不应该把带有不良情绪的表情展示在学生面前，最好始终保持微笑，这样可以营造轻松融洽的课堂气氛。另外，教师的表情应该随着教学内容的变化而变化，这样才能让教学内容具有感染力。

2. 眼神

眼神是无声的语言，它可以表达赞美、批评、暗示、诱导、默许、否定、期待等情感。因此，教师应该善于运用眼神去关注班里的每一个学生，让每个学生都能感受到教师的关注，但又不能对个别学生久视或者斜视；同时，教师还应该善于捕捉学生眼神里的信息并据此调整教学进程。

3. 手势

在课堂教学中，手势成为重要的辅助手段。恰当的手势可以增强师生间的情感交流，达到“此处无声胜有声”的表达效果。教师在课堂教学中运用手势时，应做到：以正面的手势为主，尽量避免负面的手势。当着学生抓头皮、掏耳朵、咬指甲等都会严重影响教师形象；教师也不能用手指直指学生；不能玩弄粉笔、衣扣等，不能频繁拉扯衣服；另外，手势应与全身动作、语言表达、情感表达相协调，不能过于频繁、幅度过大以至于手舞足蹈。手势的运用还要照顾到不同的文化背景，避免由于文化差异而造成的困惑或者误会。② 总之，教学中的手势没有固定模式，只要是自然的、适合教学内容和学生的手势都是合适的，手势也是教师个性和教学风格的一种体现。

4. 站姿

良好的站姿能给学生留下美好印象，提升学生学习兴趣。教师站姿的基本要求是

---

① 夏凤琴，姜淑梅. 教育心理学［M］. 北京：清华大学出版社，2015：141.

② 张仁贤，徐红梅. 教师的体态语言［M］. 北京：世界知识出版社，2016：79－83.

端正、稳重、亲切、自然。站立时，挺胸收腹，双腿并拢，双脚微分，头部保持端正。而把手插在口袋里、双手交叉抱于胸前、倚靠桌椅或墙壁、耸肩抖腿等不良习惯都会让教师形象大打折扣，对学生造成不良影响。[①]

5. 穿着打扮

教师的穿着要得体、打扮要适宜。教师也有追求美的权利，但穿着打扮应适合自己的年龄、性别、长相、身材等，还要适合自己国家的文化背景。总的来说，穿奇装异服、留怪异的发型、化浓妆、喷气味浓烈的香水等都是不合适的，因为这样会严重分散学生的学习注意力。

6. 空间距离

在教室里，教师与学生之间的空间距离，也会影响教学效果。从知觉的活动律来看，活动的对象较静止的对象容易被感知。因此，走动的教师会比一直静止站立的教师更能吸引学生的注意力。另外，还有人通过研究发现坐在教室“行动区”（教室前排到教室中间的地带）的学生处在教师有效监控的范围内，能够比较好地约束自己的课堂行为。而坐在教室后排的学生，由于不在教师的有效监控范围内，就比较容易分心。[②] 因此，教师应该在教室里适当走动，拉近与学生之间的距离，以便关注每一个学生。

思考与作业

1. 什么是教学原则？
2. 在教学中，我们常常要遵循的原则有哪些？
3. 什么是直观性原则？根据直观性原则，教师在教学中应该做到什么？
4. 什么是启发创造原则？根据启发创造原则，教师在教学中应该做到什么？
5. 什么是巩固性原则？根据巩固性原则，教师在教学中应该做到什么？
6. 什么是教学方法？技术性教学方法中较常用的方法有哪些？
7. 什么是教学艺术？教师在教学中应该注意哪些教学艺术？
8. 对教师在教学中的语言艺术有哪些要求？
9. 常用的导课方式有哪些？
10. 教师在教学中的非语言艺术有哪些类型？教师在教学中如何灵活运用非语言艺术？

---

① 李佳. 教师礼仪与文化修养［M］. 上海：上海交通大学出版社，2016：34－36.

② 张乐天. 教育学：新编本［M］. 北京：高等教育出版社，2007：244.

反思与探究

以小组为单位，围绕某个主题或知识点进行一次完整的教学设计。在教学设计中，应明确遵循了什么教学原则，使用了什么教学方法，巧用了什么教学艺术。教学结束后，请从教学原则、教学方法和教学艺术等几个方面对教学过程和教学效果进行分析。

拓展阅读

请利用课余时间阅读以下文献，并做好读书笔记。

1. 闫承利．课堂教学的策略、模式与艺术［J］．教育研究，2001（4）．

该论文分析了教学策略、教学模式和教学艺术的关系，并且比较详细地阐述了在教学过程中如何运用教学策略、教学模式和教学艺术。这对于我们了解课堂教学以及如何进行课堂教学有很大帮助。

2. 赵金铭．汉语作为第二语言教学：理念与模式［J］．世界汉语教学，2008（1）．

该论文介绍了汉语作为第二语言教学的目的、方法，阐明了汉语教学与汉字教学的关系，并提出汉语教学与汉字教学的关系是探讨汉语作为第二语言教学模式的关键所在。在此基础上，进一步提出教学设计应充分注意语言技能的平衡，大力加强书面语教学，全面提高学习者的汉语综合运用能力。这可以帮助我们了解汉语作为第二语言教学的历史发展过程以及当今教学的重点所在。

3. 靳洪刚．现代语言教学的十大原则［J］．世界汉语教学，2011（1）．

该论文从理论和实践两个层面比较详细地介绍了现代语言教学的十大原则，这可以帮助华文教师或者对外汉语教师经常利用这十大原则检查自己的教学过程，从而在科学的基础上进行有效的教学。

第七章　学生心理素质及其培养

学习目标

1. 了解素质的含义，明确心理素质的含义及其构成；
2. 掌握学生心理素质各构成要素对汉语学习的影响；
3. 了解学生心理素质的发展规律及其影响因素；
4. 重点掌握影响留学生心理素质发展的主要因素；
5. 明确学生心理素质培养的原则，掌握心理素质培养的方法途径。

教学建议

1. 本章的重点是“心理素质的含义及构成”“学生心理素质的影响因素”和“学生心理素质的培养途径”。

2. 结合生活实例引导学生理解心理素质的构成要素。

3. 先以小组讨论形式请学生谈谈影响心理素质发展的主要因素，再对学生的发言进行归纳总结和补充。

4. 组织“角色扮演”“模拟心理咨询”或“排演心理剧”等活动，让学生在活动中掌握心理素质的培养途径。

第一节　素质和心理素质

一、素质的含义和分类

（一）素质的含义

早期的心理学家把素质理解为人生来具有的某些解剖生理特点，特别是神经系统、感觉器官和运动器官的解剖生理特点，这些特征是由遗传和先天因素决定的，是能力发展的自然前提和生理基础。① 例如，有的学生发音和听力较好，他的语言素质也会比较高。

随后，心理学界在理论和实践上发现，素质不仅是先天固有的，而且与后天的环境、学习与教育有关。② 比如，华裔学生的语言学习环境是否丰富、是否接受双语教育，影响着他们的汉语素质。因此，理解素质的概念应该既重视先天遗传基础又着眼于现实环境影响：先天主要提供素质形成和发展的生理基础，后天是促进素质形成和发展的条件。燕国材教授认为“所谓素质，乃是人们的先天自然因素和后天社会因素的‘合金’，亦即人们的一系列的自然特点、知识技能、行为习惯、文化涵养、品质特征的有机结合”③。张大均指出，“素质是指有机体在先天生理基础上，通过个体与环境和教育的交互作用，在实践活动和精神活动中形成并内化为个体相对稳定的、基本的和内隐的，并具有独特功能的品质”④。

综合各种素质的定义，本教材将素质界定为：人以先天的遗传条件为基础，在后天的环境和教育的影响下形成和发展起来的相对稳定的身心发展总水平及其倾向。

素质的基本特征包括以下几个方面：

1. 稳定性

素质一经形成，在一定的时期内相对稳定，既不会因一时一事的变化而改变或消失，也不会因一时一事的出现而形成或发展，这就是素质的稳定性。

2. 发展性

人的素质是一个动态开放的系统，既是相对稳定的，又是可变的、可塑的。素质的发展性就是指素质会随着个体和环境的交互作用发生相应的变化，在某一时段形成新的相对稳定的生理、心理特征，并为下一时段的生理、心理特征的发展提供条件。这也表明素质可以通过教育培养得到发展，因此在教学活动中注重学生素质的培养是可能的，也是必要的。

3. 内隐性

素质主要以内隐形式存在。除了少数素质（生理素质）可以直接观察外，大多数素质很难通过直接观察的方式来测评。

（二）素质的分类

素质是有机体内外因素交互作用的“合金”，是一个整体，很难绝对划分。但是，

---

① 彭聃龄．普通心理学［M］．4 版．北京：北京师范大学出版社，2012：494．

② 叶奕乾，何存道，梁宁建．普通心理学［M］．4 版．上海：华东师范大学出版社，2010：264．

③ 燕国材．素质教育问题研究［J］．江西教育科研，1996（6）．

④ 张大均．论人的心理素质［J］．心理与行为研究，2003（2）．

为了深化认识和研究，有必要对素质作适当的划分。

对素质进行分类时坚持如下原则：第一，以素质形成的条件作为素质划分类型的依据；第二，应该有利于对素质本质的认识以及对学生素质的培养。根据上述原则，可把素质分为生理素质、心理素质和社会素质三种。

1. 生理素质

生理素质也叫自然素质。它由人的先天遗传因素决定，表现为有机体的某些解剖、生理上的特征，如感觉器官、神经系统的特点，主要是人脑的特点，在人的素质中起基础性的作用。

2. 心理素质

心理素质以自然素质为基础，在后天环境、教育、实践活动诸因素影响下逐步发生、发展和形成，从而表现为有机体的心理特性，处于素质结构的核心层次，起中介和核心作用。

3. 社会素质

社会素质由人的后天环境（尤其是学习和教育环境）决定，主要表现为人的文明程度、科学素质和道德修养等方面，是素质结构的外显层次，与有机体的学习、工作、生活等直接联系的适应性行为和发展性行为密切相关。

总的来说，学生的生理素质是指学生作为一种自然实体或物质实体的发展水平，代表了学生个体的“自然力”或“物质力”。学生的心理素质是指学生精神活动和精神世界的发展水平，代表了学生的“精神力”。学生的社会素质则体现了作为自然实体和精神实体相统一的社会实体的发展水平和发展质量，代表了学生能否适应并促进社会发展的“社会力”。

二、心理素质的含义和构成

在学生素质结构的三个层次中，心理素质是生理素质和社会素质之间的中介。一方面，心理素质的培养要以生理素质尤其以生理素质中神经系统的成熟为前提；另一方面，社会素质的发展又以心理素质为基础，学生的社会素质从根源上讲是学生心理活动、意识活动的内容。

（一）心理素质的含义

关于心理素质的含义，学术界存在以下几种典型的观点：第一种观点认为，心理素质是多类别、多要素系统的动态综合体，包括智力因素、非智力因素、心理健康与潜能因素①；第二种观点认为，心理素质是以人的自我意识发展为核心，由积极的、和社会发展相统一的价值导向的，包括认知能力、需要、兴趣、动机、情感、意志、性格等非智力因素有机结合的复杂整体②；第三种观点认为，心理素质是一个由心理能力素质（智力因素）、心理动力素质（人格因素）和身心潜质三个亚系统交互作用的、动态同构的自组织系统③；第四种观点认为心理素质就是人格和个性，包括需要、动机、兴趣、理想、信念、世界观、能力、气质、性格等④；第五种观点认为，心理素质是一个人的性格品质、心理能力、心理健康状况及其心因性行为的水平或质量的综合体现⑤。

根据学术界对素质含义的理解，心理素质可以概括为以生理条件为基础，将外在获得的东西内化成稳定的、基本的心理特征和品质，是个体的心理能力、心理动力和适应性因素的综合体现。

（二）心理素质的构成

科学分析心理素质结构既是对心理素质概念的操作性诠释，又是编制心理素质测量工具的基础性工作。综合一些心理学家对心理素质构成的理论与观点⑥并结合学生实际情况，学生心理素质结构可划分为认知因素、个性因素和适应性因素三个维度。

1. 认知因素

认知因素是个体在活动中对客观事物的直接认知活动，是心理素质结构中的能力因素。认知因素包括智力和元认知能力。智力是指个体在以客观世界为对象的一般认知活动中表现出的能力，主要包括个体的观察能力、记忆能力、思维能力和想象能力。个体的认知活动除了指向具体的认知对象外，还包括自身对认知活动的监控、调节等更高级的元认知活动，即对个体认知的认知，表现为对认知主体和自身心理状态、能力、目标任务、认知策略等多方面的认知，是调节监控智力活动的认知。个体的心理认知因素在心理活动系统中发挥着操作性作用，个体对各种事物的认知、理解和掌握，都离不开心理认知因素的操作。

2. 个性因素

个性因素是指人在对待客观事物活动中的个性心理表现，虽不直接参与对客观事

① 王极盛，丁新华．中学生创新心理素质与心理健康的相关研究［J］．心理科学，2002（5）．

② 刘以林．学生心理素质的优化与调控［M］．北京：华语教学出版社，1996：87．

③ 张履祥．论心理素质教育课程的建构［J］．心理科学，2000（5）．

④ 刘晓陵，金瑜，林云祖．中学生心理素质调查表的编制［J］．上海教育科研，1998（2）．

⑤ 张大均．学校心理素质教育概论［M］．重庆：西南师范大学出版社，2004：32．

⑥ 周治金．论大学生心理素质结构［J］．高等教育研究，2003（3）；张大均．论人的心理素质［J］．心理与行为研究，2003（2）；张乐天．教育学：新编本［M］．北京：高等教育出版社，2007：123；HUNTER W S. General psychology［M］. Charleston，SC：Nabu Press，2010：96.

物认知的具体操作，但具有动力和调节机能，是心理素质的动力成分。个性因素维度主要包括：求知欲、独立性、坚持性、自制力、自信心、责任感等个性心理。

3. 适应性因素

适应性因素是指个体在社会化过程中，改变自身或改变环境，使自身和环境和谐协调的能力。它是认知因素和个性因素在各种社会环境中的综合反映，是个体生存和发展的必要心理素质之一。适应性因素主要包括身心协调、学习适应、情绪适应、人际适应、挫折耐受力五个方面。任何一个学生都是生活在一定的社会环境之中，一个学生能否适应自己所处的环境，能否与周围的师生保持和谐的人际关系，这对于学生的健康成长具有至关重要的意义。比如，来华留学生在学习汉语的过程中，往往会面临完全陌生的异国环境，环境适应与否直接影响到学生的生活和学习。

（三）心理素质和心理健康

不少人将心理素质和心理健康视为同义词。其实，心理素质和心理健康的区别十分明显。从根本意义上说，心理素质是一种稳定的心理品质特性，而心理健康则是一种积极、良好的心理状态，是心理素质的外在表现。心理素质的高低表明了个体认知能力、个性因素以及适应性因素的强度和力量，是一个人的心理潜能；而心理健康程度则是指人的心理卫生水平的高低，是一种现实的心理状态。

一般来讲，一个人的心理素质越高，他的心理就越健康，但一个人具有健康的心理却不一定具有较高的心理素质。这是因为一个人的心理健康程度与他的需要的满足程度和生活经历有关。心理问题的经验标准就是个体经历太多焦虑、抑郁、恐惧、自责等负面情绪，而这些负面情绪则是因为个体的需要没有得到充分满足。然而心理素质并不是与心理需要的满足程度息息相关，而是在于能够承受需要得不到满足的程度，即挫折耐受力。生活的磨难往往历练出个体良好的心理素质。

三、学生心理素质和汉语学习

汉语学习是一个非常复杂的习得过程，它涉及各种因素。这些因素所起的作用直接影响到学习者的汉语学习成绩与效果。就学习者个体而言，学习者的心理素质是最直接和主要的因素。下面将分别从心理素质的认知因素、个性因素以及适应性因素三个维度加以阐述。

（一）认知因素

心理素质的认知因素作为心理素质的重要组成部分，它集中体现了学生各种认知因素的发展水平和发展速度，为汉语学习者提供心理能力作用。

1. 智力作用

智力是指人的认识方面的能力，它是高度的观察力、注意力、记忆力、抽象逻辑思维能力和想象力的总和。智力与汉语学习存在着密切的关系，近年来的研究表明，智力水平能够影响一个汉语学习者取得何等程度的成功。智力在汉语学习的不同方面所起的作用也不尽相同，有研究表明，智力与汉语的阅读能力、语法知识以及词汇量的扩大有关，而与听力、口头表达技能无关。[①]

研究成果还表明，智力与正式的语言学习中使用的第二语言技能有较大的关系（即阅读、语言解析、写作、词汇学习），但对口语交流技能的发展影响较小。[②] 由此看来，在班级授课的第二语言学习中，尤其是正式的课堂中，智力是一个很大的影响因素。

2. 元认知

元认知监控下的学习是学习者根据自己的学习能力和任务的要求，积极主动地调整着自己的学习策略和努力程度的过程。[③] 即运用元认知策略的学习者一般先认识自己当前的学习任务、预计学习时间，选择有效的计划来学习或解决问题，然后监控自己的进展情况，并根据监控的结果采取补救措施，使用一些标准来评价自己的理解。在汉语学习中，元认知策略就是利用认知过程的知识，诸如计划、监控、评估等去掌握和控制汉语学习，它具有管理功能。

在汉语教学过程中，元认知在培养学生自主学习能力中发挥着重要的作用。提高汉语学习者的元认知能力，把语音、词汇、语法等知识和技能更多地引向学习者本身的兴趣，不仅可以激发学生学习汉语的积极性，还能提高学生学习的效率，让汉语学习变成积极、主动、高效的自主过程，让学生以“我要学”的学习热情，辅以“我能学”的学习技能，从而达到理想的学习状态。

（二）个性因素

心理素质的个性因素是心理素质的动力成分，主要表现在学生的学习动机和意志力方面。

1. 学习动机

对汉语学习者而言，求知欲和成就动机是两个最为重要的学习动机。求知欲是指学生积极渴望学习汉语知识，掌握汉语交流技巧，并带有强烈的情绪色彩的愿望。成

---

① 马翠玲. 浅谈个别差异对汉语学习的影响 [J]. 语言与翻译，2001 (2).

② 徐楠. 智能因素在第二语言学习中的作用和意义 [J]. 考试周刊，2008 (8).

③ BRUCE T, DAVID M. Educational psychology [M]. Belmont, California: Monetti Wadsworth Publishing Co. Inc., 2010: 162.

就动机是指学生认为汉语学习非常重要、非常有价值，并乐意付出努力去获得成功的一种内在驱动力。在汉语教学过程中，学习动机可以由教师有效的教学策略得以强化，也可能由于学校的教学内容安排或教学方法设置的不当而逐渐消退，因此，激发学习者的学习动机具有重要的现实意义。

汉语学习动机可以分为工具性动机和融合性动机。特别值得注意的是，东亚和东南亚国家中华人家庭对于子女学习汉语的影响力比较大，相当数量的华裔子女是受家庭环境的影响甚至出于家人的要求才学习汉语，他们学习汉语更多地表现为融合性动机。[①] 下面案例就说明了留学生汉语学习动机的重要性。

对学习不感兴趣的嘉俊

嘉俊是来自巴拿马的一名华裔留学生，16 岁，按照父母的意愿来华学习汉语，本身对汉语学习并没有太大兴趣，学习动机不强。在学习过程中，他经常称病请假，甚至翘课窝在宿舍，或者和朋友去玩。即使来上课，也心不在焉，更别提积极回答问题了。因此，虽然来华学习一年了，但汉语水平并没有提高多少。

行动与交流：如果你的专业与汉语有关，请问问你的同桌学习汉语的动机是什么？

2. 意志力

意志力是人们有意识地支配、调节行为，通过克服困难，以实现预定目的的心理过程。独立性、坚持性和自制力是汉语学习过程中三种重要的意志力。

独立性是指学生独立学习的能力，在明确目标的基础上，自愿地调节和支配自己的行动，使之符合自己的目的，而不只靠外力的推动。具备了这种学习意志品质的留学生，在学习中不需要等待别人的提醒或要求，也不受周围环境的影响。在全部的学习活动中，他会从确立的目标和科学的理念出发，制订合理的学习计划并严格执行。他会充分相信自己所作决定的正确性，在学习过程中克服各种困难，勇往直前。

坚持性是指学习者在学习过程中无论遇到多大的困难与挫折，都能想办法克服并坚持到底。汉语的习得是一个长期坚持不懈的过程，因此学习的坚持性尤为重要。学习的坚持性包括在学习过程中具有充沛的精力和坚韧的毅力。有的同学在学习开始阶段充满精力，但是很快就呈现疲倦厌烦状态。这类同学往往缺乏毅力，不能顽强持久

---

① 夏明菊. 华裔学生汉语学习动机分析［J］. 乌鲁木齐成人教育学院学报，2003（4）.

地攻克学习难关。只有具备了较强坚持性的人才能顽强地、持久地克服学习过程中遇到的重重障碍，为达到既定目的而坚持不懈。

自制力是指学习者在学习生活中善于控制和支配自己行动的能力。主要表现在能够控制自己的情绪，不感情用事；能够约束自己的言行，抵制不良诱惑。有自制力的学生，为了提高学习质量，会在教师的指导下管理自己、约束自己，科学地组织学习，不会不经过深思熟虑而发生一时的冲动，干扰自己学习计划的执行。

（三）适应性因素

适应性是个体在认知因素和个性因素的基础上，通过与社会环境的交互作用，在适应外在社会环境过程中，对内在心理过程进行控制、理解和调试所表现出的行为倾向。它是学生适应外界环境和人际关系、适应自己的学习和工作、承受各种挫折和困难的综合体现。适应性因素发展水平较高的学生，能够在短时间内适应新环境，性格一般比较开朗，情绪稳定，常常处于和谐的人际关系之中；遇到困难和挫折时一般采取积极的态度和合理的措施，不会因挫折而产生不良的情绪反应。以下是一名华裔留学生在中国学习汉语时遇到的环境适应问题。

厌食的娇慧

娇慧是来自印度尼西亚的华裔，上个月到中国广州学习汉语。她很聪明，对汉语学习也很感兴趣，但一直困扰她的是饮食问题。在印度尼西亚，她可以说是“无辣不欢”，而且特别喜欢咖喱。但来到广州后，不但饭菜偏清淡，而且学校食堂的饭菜也没有咖喱风味的。由于饭菜不合口味，娇慧的心情一直很烦躁，而且“人是铁，饭是钢”，吃不好也影响了她的学习和生活，严重的时候她甚至有了想回国的冲动。她把自己的困扰告诉了老师，也和周围同学交流。在他们的帮助下，她试着接受和适应饭菜的味道，而且在学校周围找到了一个印尼风味的餐馆。解决了饮食问题，娇慧整个人的精神都变好了，学习状态也渐入佳境，在汉语学习上取得了很大的进步。

思考与交流： 如果你在中国或其他地方学习，你适应那里的环境、气候和饮食了吗？如果刚开始不适应，那你是如何克服这些不适应的？

第二节　心理素质的发展规律及影响因素

一、心理素质发展的一般规律

心理素质发展是指随着个体生理的发展、年龄的不断增长和成长环境及教育的影响，其心理潜能不断显现、心理品质不断发展的过程。心理素质发展具有一般规律，具体表现在以下几个方面：

（一）心理素质发展的有序性和渐进性

人的心理机能的发展具有一定的顺序性，由具体形象思维到抽象逻辑思维，由机械记忆到意义记忆，由无意注意到有意注意，由喜、惧等一般情感到理智感、道德感。个体心理素质的发展也呈现出有序性，主要表现在从简单、具体向复杂、概括，从无意向有意，从笼统向精细化，从零乱到形成系统等发展。心理素质发展的有序性决定了心理素质发展的渐进性。渐进性是指个体心理素质的发展是一个循序渐进的、连续的发展过程，不可能一蹴而就。心理素质的发展是一个由简单到复杂、由低级到高级的渐进的动态过程。如果我们在进行心理素质教育时违背了心理素质发展的有序性和渐进性规律，不仅会影响学生心理素质的健康发展，而且会影响学生其他素质如身体素质、科学文化素质等的发展。

（二）心理素质发展的阶段性和不平衡性

个体心理素质的发展是一个有方向性的、连续的动态过程，是阶段性和连续性的统一，任何阶段的心理素质既是前一阶段的发展和延伸，又是后一阶段的起点和基础。相邻阶段间是相互联系的，同时每个阶段又具有不同于其他阶段的新的发展特点。如，从高中进入大学，大学阶段学生的心理素质是在高中阶段的基础上发展来的，呈现出新的阶段性特征。研究表明，在各年龄段前后过渡时期，学生的心理素质发展一般较差，这就要求在心理素质的培养上要注重适应—发展—创造三个层次间的衔接，在内容上根据心理素质发展的阶段性和连续性，从总体综合与局部综合两个方面来发展学生心理素质。

心理素质在每个年龄阶段的发展速度又是不平衡的，即心理素质发展具有不平衡性。如，少年期是儿童心理发展的一个关键期，这一时期的儿童更多地依赖成人的照顾和保护，独立性和自觉性都较低。青年初期是个体心理素质发展的成熟期，他们开始逐渐走向独立与稳定。而介于两者间的年少期是独立性、依赖性、自觉性和幼稚性错综矛盾的时期，这个时期的学生有一定的叛逆精神，既不服从权威又缺乏正确的决断，为此有人将这个时期称为“矛盾”时期。心理素质发展的阶段性和不平衡性决定了我们在制定心理素质教育目标时，要考虑不同年龄段学生心理素质发展的需要，制定出与某一具体年龄段发展相适应的心理素质培养目标并给予有针对性的培养。

（三）心理素质发展的个体差异性

由于教育教学环境、社会条件和遗传素质的不同，学生的心理素质发展存在差异性，不同学生在心理素质发展的速度和水平上有不同要求。个体差异有多种层次，不仅表现为年龄或性别上的差异，也表现为不同个体在心理素质的同一方面发展的速度和水平上的差别。如，同龄的学生，由于来自不同的国家或地区、不同的民族或者有不同的宗教信仰，其个体语言能力、性格、意志、兴趣及适应性等方面有着不同的特点。因此，在进行心理素质教育时，要考虑学生的年龄差异、性别差异、发展水平、不同国家或地区、不同民族、不同宗教信仰等特点差异，共性与个性相结合，尊重不同学生的不同需要，采取不同的途径、方法、手段，因材施教，关注每个学生心理素质的全面发展。

二、影响心理素质发展的因素

人的心理现象极其复杂，影响心理素质发展的因素也是多方面的，主要有遗传因素、环境因素、教育因素、个体因素等。

（一）遗传因素对心理素质发展的影响

遗传是指人从先辈那里继承下来的解剖生理上的特点，如机体的结构、形态及感官和神经系统的特征，特别是脑机能的特点等。心理是人脑的机能，心理素质的发展受到遗传素质中的神经系统的机能、特点及成熟水平的影响。学生的心理素质发展在一定程度上要受到遗传基因的制约。

遗传为人的心理素质发展提供物质前提和发展的可能性，但不能决定它的发展。这是因为，遗传素质本身并不是现成的知识、才能、思想、观点、性格以及道德品质等，个体的心理素质在诸多方面的表现都是在后天环境和教育的影响下形成的。如果离开了后天的社会环境和教育等，遗传提供的可能性并不一定会转化为现实。可是遗传决定论者否定后天环境、教育等对个体心理素质发展产生巨大影响，这是极其片面和有害的。我们应该反对遗传决定论。

（二）环境因素对心理素质发展的影响

环境泛指影响个体心理素质发展的一切外部因素。按环境的性质分，环境可分为自然环境和社会环境；按环境的范围分，可分为大环境和小环境。大环境是指个体所处的总体自然环境与社会环境，如某一国家、某一地区；小环境是指与个体直接发生联系的自然环境和社会环境，如家庭、学校等。小环境通常随着个体自身的活动和选择而改变，对个体的影响较为直接。

环境是影响个体心理素质发展的重要因素，它为个体心理素质的发展提供了多种可能，包括机遇、条件和对象等。不同环境中人的心理素质的发展有着很大的不同。同时个体对环境有反作用，比如，个体若对环境持积极的态度，就会挖掘环境中有利于自己发展的因素，克服不利因素，从而促进自己的发展。所以在进行心理素质的培养时，要注意为学生提供较有利的发展条件，同时培养学生利用和超越环境的意识和能力，分析和综合利用环境因素的积极作用，避免消极影响。

环境因素对留学生心理素质的影响

大环境对留学生这个特殊群体的心理素质的发展有着显著影响，可能会出现三种状态：一是不适应状态，即个体无法调控或改变环境，也无法顺应环境，于是处于与环境相互排斥、相互孤立的状态；二是适应状态，即个体无法调控或改变环境，却能适应环境，从而保持和谐状态；三是控制状态，即个体凭借自己的能力优势和人格潜能，可以比较恰当地调控环境，自由地选择自己的活动，追求自己的目标。但很多留学生会出现不适应状态，因为一个陌生的、截然不同的全新环境，包括衣食住行环境、语言环境、人际交往环境等会对其产生心理刺激。如果他们没有很好地进行调整和适应，矛盾和紧张的心理就会持续存在，就会对他们的情绪产生消极影响，致使他们出现忧郁、烦躁、易怒、自卑、孤独等不良情绪，很有可能还会出现焦虑、抑郁等心理障碍。①

（三）教育因素对心理素质发展的影响

个体心理素质的发展是遗传和环境交互作用的结果。遗传是影响个体心理素质发展的物质前提和基础，而后天的学校教育对个体心理素质发展的现实水平起着决定性的作用。学校教育是有组织、有目的、有计划的，它可根据不同年龄、不同专业等各方面的发展需要，对个体进行有目标、有计划、有针对性的培养，体现了极大的人为性。

学校教育环境的特殊性对个体心理素质的发展有着重要影响，其中以教师影响为

---

① 周婷. 来华留学生心理适应问题研究［J］. 中南林业科技大学学报（社会科学版），2010（5）.

核心的教育因素对学生心理素质的发展影响重大。学校的教育管理制度，教师的教育方式、工作作风、言行举止和学识、人格，对学生的心理素质的形成和发展都会产生很大影响。比如，教师在教学过程中，是采取启发式还是注入式的教学方式，是采取专制型还是民主型的课堂管理方式都会对学生心理素质的发展产生不一样的影响。

以下案例说明了学校教育及其管理制度对学生心理素质发展的影响。

学校教育对留学生心理素质的影响

1. 学习新知识对留学生心理素质的影响

全新的学习环境和新知识的大量输入可能会使留学生处于持续紧张甚至焦虑的状态。汉语学习上遇到困难产生的挫败感、考试成绩不理想等都会使他们产生强烈的压力感。

2. 以教师影响为核心的教育模式对留学生心理素质的影响

教师采用不同的教学和领导方式，对留学生的情绪、思维以及整个心理素质的形成会产生不同的影响。比如，教师在教学过程中，是采取启发式还是注入式教学方式，有没有对学生进行适时的鼓励，对学生心理素质中创造性因素的发展也有着十分明显的影响。另外，有些教师很关心留学生的生活，关心、照顾和开导他们，这让远离家乡的留学生倍感温暖，不仅能够缓解留学生的紧张和焦虑情绪，也有助于增强他们的学习兴趣。

3. 学校生活中的人际交往对留学生心理素质的影响

人的心理适应最主要的是对人际关系的适应，人际关系的协调与否直接关系着留学生心理素质的发展。留学生们来自不同的国家、地区或民族，价值观、文化等方面的差异，可能会让他们出现文化冲突，在人际交往方面也容易引起矛盾和冲突，例如在待人接物、生活方式、行为习惯、语言表达等方面差别很大。如果留学生不了解、不接受或从心理上很排斥其他的文化、生活方式、行为习惯等，那他们在人际交往上往往会出现各种各样的问题。这样的留学生容易出现一系列不同程度的不良情绪反应，如不快、不满、失望、孤独、烦恼、愤恨、自卑、恐惧、攻击等，形成孤独寂寞、抑郁苦闷的不良心境，如果不及时调整和矫正，会导致心理疾病，如“交往孤独症”等，进而影响他们心理素质的发展。①

① JOHN W B. Immigration, acculturation, and adaptation [J]. Applied psychology, 2008 (1)；陈国明. 跨文化适应理论建构 [J]. 学术研究，2012 (1).

压力很大的林妙珍

来自法国的华裔留学生林妙珍说，本来以为来中国读本科可以边旅游边学汉语，了解中国文化，没有什么学习压力，去不去上课都是自己的事情。但来到广州以后，学习压力很大，每天都要上课；有严格的考勤制度，如果缺勤太多，还会取消签证；老师的要求也比较严格，上课的时候不可以讲话，不可以看手机，不可以吃东西，不可以在上课期间走出教室。她觉得自己已经是成年人了，不应该像小孩子一样被约束，这些约束让她非常反感。

思考与交流：如果你是林妙珍，你会怎么想？

（四）个体因素对心理素质发展的影响

影响心理素质发展的个体因素是指个体所具有的主观能动性和实践活动，它是人的心理素质发展的内因和动力。环境和教育是心理素质发展的外在条件，但必须通过个体的内部因素才能真正实现心理素质的发展。一方面个体对外部信息的选择具有能动性和自觉性；另一方面由于个体原有知识经验、思维方式、情感意志、价值观等的制约，个体对外部信息的加工具有独立性和创造性。

个体因素对留学生心理素质发展的影响

个体因素是留学生心理素质发展的内在动力。来华留学生在性格、个性方面有着不同的特点，在面对新环境、新知识时也表现得有所不同。总体来看，由于东南亚和中国很多习惯相似，来自东南亚的留学生比较容易适应新环境。另外，性格活泼外向、积极向上的留学生更容易适应新环境。比如针对之前提到的人际关系困扰，这类学生会积极寻找解决办法。而性格内敛、消极的学生很容易陷入人际关系的苦恼中，从而影响自己的心理素质发展。

以下案例说明了个体因素对学生心理素质发展的影响。

人际交往的烦恼

来自加拿大的华裔留学生美娜，最近很懊恼：她跟来自泰国的室友作息时间不同步，她不需要午休，而室友需要午休；她晚上睡得很晚，而室友睡得早；另外，她在宿舍有时候会无意发出些噪音影响到正在睡觉的室友。她和室友由此吵了一架之后，互不理睬。这让她感到孤独和难过，甚至有点害怕回宿舍，整个人郁郁寡欢。

在以上案例中，既体现了文化冲突，也体现了留学生的个人因素对心理素质发展的影响。

思考与交流： 如果请你来帮助美娜解决问题，你会怎么做？

第三节　学生心理素质培养的原则和途径

培养学生心理素质首先应引导学生了解心理学常识、开发心理潜能；同时帮助学生客观认识并解决学习、生活中经常遇到的一些容易导致心理适应不良的问题，减少心理疾病，增强心理适应能力。

一、心理素质培养的原则

1．主体性原则

主体性原则是指在心理素质的培养中，始终尊重学生的主体地位，发挥学生的主体作用，调动学生的主体积极性。要提高学生的心理素质，就必须遵循主体性原则，不管是在课堂上还是课外活动中，都要尊重、相信、理解和关心每一个学生，提高其自主性和参与度，使每个学生都能发现自己的潜能和价值，并尽可能发挥出来。

2．发展性原则

发展性原则是指把人的心理活动看作一个动态的变化发展过程。人的心理素质始终处在不断形成和发展的过程中，即使是同一素质，在不同年龄阶段也会有不同的特点和表现。发展性原则要求我们必须以发展的观点看待学生，既要有利于学生成长发展，符合学生的年龄阶段特征及个体差异，又要注意教育教学应该走在发展的前面，要适应每个学生的“最近发展区”，而不仅仅局限于他们的现有水平。

3．适应性原则

适应性原则就是强调心理素质的培养要充分考虑学生的接受能力，并根据学生的实际情况循序渐进地进行。教师可先针对每个学生的特点，制订相应的培养计划。在每个计划中，首先确定一个较长远的心理素质发展目标，然后将这一总目标分解成若干小目标，将它们按顺序排成一个序列，让学生在每一阶段达到某一个小目标，直到所有的目标都得以实现。

4．活动性原则

活动是心理素质发展的基础，学生的心理素质是在活动中形成和发展的。活动性原则是指心理素质培养必须通过创设活动情境，调动学生参与活动，促进学生将内外活动协调整合，进而形成健全的心理素质。心理素质培养中的活动既包括外部的实践性活动，又包括内部的对自己的认知、行为及其他现象等的体验、领悟与反思。学生在主动参与活动中发现问题，分析自我，探究问题产生的原因和解决问题的方法，提升独立思考、独立活动的能力，从而在活动中把内外刺激进行选择整合，内化形成思想、观念、能力等心理素质。因此，必须强调在活动中培养和健全学生的心理素质，根据学生的实际需要，开展内容丰富、形式多样、趣味性强的活动，在活动中满足学生的成就感，帮助他们树立自信心，实现学生心理素质的综合发展。①

5. 激励性原则

激励性原则是指在心理素质教育中采用种种激励手段，调动学生的内部心理机制，激发他们的动机、兴趣、情感，积极地投入到活动中去。激励一般有两种方式：一是物质激励，二是精神激励。这在培养汉语学习者的心理素质的过程中尤其重要。比如，汉语学习是一个漫长的过程，很多学生在汉语学习上存在着兴趣不大、畏难情绪等情况。教师应该经常鼓励学生，特别是要看到学生每一次小小的进步并给予鼓励，帮助他们树立信心，让他们更好地投入到汉语学习中去。

二、心理素质培养的途径

1. 开设心理素质常识课

开设心理素质常识课，是心理教育的基本途径。通过设置专门的心理素质教育课程，确立心理素质教育目标，制订详细的培养计划，对学生进行全面的心理素质教育。心理素质教育的内容应具有针对性，可以针对不同水平、不同年龄、不同国籍的学生特点，设置若干具体专题。比如通过设置了解情绪，提升意志力和适应性，明确学习动机、完善人际交往，认识自我、悦纳自我、完善自我、优化个性等专题，引导学生系统学习，提升学生心理素质。

行动与分享：按照教师要求，阅读《心理素质训练》② 相应内容并展示如何进行相关心理素质的训练。

---

① 崔丽莹. 心理素质教育论［M］. 广州：广东教育出版社，2002：246.

② 杨秀君. 心理素质训练［M］. 上海：上海交通大学出版社，2010.

2. 开展丰富多彩的心理健康教育活动

开展丰富多彩的心理健康教育活动是培养学生心理素质的有效途径。从组织形式和规模大小上，学校可以组织相应的班级团体活动，家长与学生的亲子心理活动，与校外基地合作的社会实践活动（比如参观、访问）等。从内容上可以组织心理绘画、音乐心理辅导、心情故事创作、心理手语操、校园心理剧、生涯规划与体验等活动。活动的选取根据主题的需要，由内容的特点决定最适当的活动方式。①

3. 在学科教学中渗透心理教育

渗透是心理素质教育的重要途径，是指教育工作者在教育教学活动中有目的、有意识地开展心理素质的养成性教育。它主要包括两个方面：一个是学校常规教育活动中渗透心理素质教育的目标、内容和要求，如通过班会、班级集体活动等方式培养学生的心理素质。另一个是在学科教学中运用心理学的原理、方法和技巧渗透心理素质教育的目标、内容和要求。

在学科教学中渗透心理素质教育，在潜移默化中对学生的心理素质发展施加影响，是对教育教学资源的充分发掘、利用和丰富。教育教学渗透涉及多方面的内容，既包括学习心理素质训练，如学习动机的激发和培养、学习策略训练、学习习惯养成等，也涉及良好品质及个性的训练。以下案例说明了在学科教学中是可以进行渗透心理素质教育并能取得良好效果的。

成语中的心理素质培养

有一位汉语教师，特别注重学生心理素质的培养。在教学过程中，他发现中国文化中有很多有关个性人格、心理成长等方面的内容。比如，在讲解成语“磨杵成针”时，除了告诉学生这个成语的来源、意义和用法外，他还引导学生思考如何面对困难挫折，如何坚持自己的梦想，让学生在潜移默化中培养自己的意志力。

4. 开展专门的心理辅导和心理咨询

咨询辅导是目前许多学校开展心理健康教育的基本途径，心理咨询是心理辅导的一种特殊方式。心理辅导就是教育者对学生心理和行为的一种协助和促进，是一个积极的人际互动过程，通过教育者与学生之间、学生与学生之间的相互作用，来解决学生成长中的问题。教育者的作用是协助学生解决问题，而非代替学生解决问题。心理咨询由受过专门训练的教育者承担，有特殊的专业知识技能要求。从事学生心理咨询

① 廖静瑜. 怎样开展学校心理健康教育活动［M］. 上海：上海科技教育出版社，2016：9.

工作除涉及心理学、教育学、医学、哲学、社会学、心理测量等诸多学科的专业知识和技能外，还需要许多心理技术和精细的咨询技巧。①

一般的教育者应在日常生活和教学中关注学生的心理健康情况，学校最好设置心理辅导和心理咨询中心。

以下案例说明了开展心理辅导和心理咨询可以有效地进行心理素质教育。

走出心理阴影的丽玲

来自泰国的丽玲是一个害羞腼腆的女生，她经常感到非常孤单。她也曾试图结交新朋友，但是由于性格比较内向，交际范围比较小，她并没有结交到比较投缘的朋友。交友的失败更加深了丽玲的孤独感。这种状态持续了很长时间，一直没有得到改善，丽玲变得越来越沉默，每天郁郁寡欢，对一切都失去兴趣，严重影响到正常的学习和生活。见此情况，班主任建议她接受心理辅导老师的帮助。

在学校特设的心理辅导咨询中心，丽玲遇到了善良耐心的朱老师。经过几次交谈之后，丽玲逐渐敞开心扉，说出心中的苦闷。朱老师趁机疏导，并帮助丽玲参加各种活动。慢慢地，丽玲变得开朗起来，并认识了很多新朋友，走出了这段阴暗的时光。

思考与作业

1. 影响学生心理素质发展的因素有哪些？
2. 结合实例谈谈培养学生心理素质的具体途径。

反思与探究

针对华裔汉语学习者心理素质问题设计一份调查问卷，问卷内容可包括“心理素质自测”“心理素质发展的影响因素”“心理素质的培养途径”等内容。并访谈其华文教师和家长，了解其心灵成长和汉语学习的家庭环境及学校环境。

拓展阅读

陈湘柳. 合作语言学习中的心理素质训练研究［J］. 教育与职业，2008（24）：185－186.

请利用课余时间阅读上述文献，了解心理素质训练的方式。同时想一想，你是怎么看待这些训练方式的？可以写一篇读后感。

---

① 徐光兴. 学校心理学：心理辅导与咨询［M］. 上海：华东师范大学出版社，2000：115.

第八章　班级管理

学习目标

1. 理解班级管理的理论基础并能据此分析相关班级管理案例；
2. 了解制定班级常规的基本原则和步骤以及如何进行班级常规管理；
3. 掌握班级管理的常用方法；
4. 提升班级管理能力。

教学建议

1. 班级管理的理论基础对于一些留学生来说，比较难理解。教师可多提供相关文本或者视频案例，引导学生根据案例内容理解各理论。

2. 本教材介绍了普遍意义上的班级常规管理，教学过程中可引导学生查找自己国家某一中小学的常规管理资料，以此理解班级常规管理的内容并认识不同文化背景下班级常规管理的异同。

3. 通过具体案例引导学生理解班级管理方法的适用性。

4. 学有余力的同学，可以完成本章后面的"拓展阅读"，了解常规管理以外的班级管理情况。

案例导入

被气哭的华文教师①

某华文小学三年级的班主任A老师心地善良，对工作充满热情。但她很胆小，对一些违纪学生，常常不知道怎么办。有些学生特别是男生经常在她的课堂上吵闹、不听课，她也不敢指出他们的错误，更不敢批评他们。有一天，两个学生在课堂上吵了

① 该案例由菲律宾华文教师许尚玉提供。

起来，她不厌其烦地劝说他们不要吵，但他们根本不听。A老师没办法，很生气地离开教室。班长找到她时，她正躲在洗手间里哭泣。她哭着跟班长说她不想当这个班的班主任了，虽然热爱自己的工作，但觉得不适合做这一份工作。

思考：你认为A老师应该怎么做呢？

从上面的案例可以看出A老师很善良，可是对于学生的错误，她不敢指出来。时间久了，学生很可能会变得不辨是非。同时，A老师也不够自信。遇到了这样的问题，她不是想办法去解决，而是很生气地离开并躲在洗手间哭泣，跟学生说要放弃教师这份职业。A老师空有一腔当华文教师的热情，却缺乏班级管理技能。现代教育中，教师不仅是知识的传授者，还应是班级管理者，这就需要很强的班级管理技能。这一章将阐述班级管理的理论基础，说明如何进行班级常规管理，介绍班级管理的常用方法。

第一节　班级管理的理论基础

一般来说，班级是学校按照教育培养目标，把年龄特征和文化程度相近的学生组合起来，分成不同的级别，再分成具有一定人数的班，以便进行教育、教学和管理的组织。[①] 教师，特别是新教师，如何管理班级是一项具有挑战性的工作。对于同样的教育事件，由于所依据的管理理论不同，就会产生不同的管理理念，也会给出不同的解决方案。因此，作为班级管理者，有必要掌握一定的管理理论。

一、领导方式理论

美国心理学家勒温（K. Lewin）通过一系列实验研究发现带有不同领导方式的领导对待下属的态度以及产生的工作效率有明显不同。后来，美国教育心理学家根据同样的规则，在学校教学方面做了不少实验，研究发现教师的领导方式对学生的学习和品德等都会产生重要影响。[②]

---

① 吴旋州. 班级管理学［M］. 西安：陕西人民出版社，1997：2.

② 韩仁生，苗军芙，李传银. 教育心理学［M］. 济南：山东人民出版社，2013：268.

（一）领导方式的类型

一般来说，教师的领导方式可分为专断型、放任型和民主型三类。

1. 专断型

专断型的教师通常表现为：他们认为学生没有教师的监督，就不可能自觉学习；要求学生遵守严厉的纪律并无条件接受一切命令，时时对学生进行监视；安排好一切学习活动等，不允许学生发表意见；在与学生交往时，少表扬，但一旦学生犯错，就会通过给予训斥、体罚、向家长告状等来压制学生。

2. 放任型

放任型的教师与专断型教师相反，通常表现为：他们工作能力差，与学生交往时不自信。对于学生的行为，无论对错，既不鼓励，也不反对；不愿意参加学生活动，一切活动都由学生自己组织进行；有时候充当“老好人”，当学生出现问题，他们常常毫无应对之策。总体来看，这类教师对学生不管不问，放任自流。在这种领导方式下，学生对自己的学习、品德等方面没有明确目标，不知道应该做什么，也不知道不应该做什么。同学之间缺少沟通和合作，常常互相推卸责任。

3. 民主型

民主型的教师通常表现为：理解、尊重和信任学生，不把自己的想法强加给学生，同时也严格要求学生。教师重视与学生的合作，重视集体的作用。他们往往与学生共同设立班级目标、学习计划等。在不违背学校纪律和班级利益的前提下，乐意帮助、指导学生；与学生交往时，能够根据具体情况给予客观的批评和表扬。

思考与讨论：你比较赞同哪种领导方式，为什么？

（二）领导方式对学生的影响

根据 1939 年勒温、李皮特（R. Lippitt）、怀特（R. K. White）进行的有关领导方式的经典研究结果，在专断型领导方式之下，组员会有很强的挫折感，并对领导表示一定程度的反感，组员之间缺乏合作，没有责任感。他们依赖领导，缺少独创性。领导在场，纪律较好；领导不在场，纪律涣散，工作效率明显下降，而且会出现攻击行为和冷漠行为，甚至破坏财物；在民主型领导方式之下，组员纪律好，心情好，关心集体，善于合作，工作主动，效率高，质量好；在放任型领导方式之下，领导者与组员以及组员之间互不关心，整个小组无纪律、无目的，组员情绪不稳定，没有责任感，工作消极、被动、效率低，集体内还会产生较多的攻击行为。[①]

后来的很多研究结果进一步证实了以上的研究结果。

（三）领导方式与班级管理

没有最好的领导方式，只有最合适的领导方式。班级管理者应根据所在班级的特点选择领导方式并随着情况的变化随时作出调整。但总的来说，作为班级管理者，应该注意以下几点：

1. 确立主导地位

确立主导地位，并不是要班级管理者一切以自我为中心，而是要树立起信心和责任心，让自己成为有威信的班级管理者。当班级出现问题时，班级管理者能够科学有效地解决问题；当班级成员解决不了班级事务时，班级管理者能够为他们提供有效的解决方案，而不是逃避责任。特别是在学生成熟度较低的班级，班级管理者更应该明确自己的主导地位。本章案例导入中“被气哭的华文教师”就没有确立起自己的主导地位，没认清自己的责任，班级出现问题时，她消极逃避，这只能让自己在学生中越来越没有威信。

2. 保持良好师生关系

在任何时候，良好的师生关系对于解决班级问题都是一剂良药。班级管理者应该特别重视对学生的情感投入，把学生的利益、需要、爱好和兴趣等放在心里，时时为他们着想。

3. 科学管理并引导学生自我管理

建立良好的师生关系固然重要，但是单靠情感并不能解决所有问题。科学管理才能让学生有章可循，慢慢养成自我管理的习惯，因此建立起科学的规章制度非常重要。

班级管理者应该首先深入了解班级情况，然后广征意见和建议，制定班规，严格执行，以“法”治班。在执行过程中，可以允许学生随时提出修正建议，直到学生养成自觉遵守班规的习惯。

4. 正确实施民主管理

有一些班级管理者特别是一些新教师常常充当“爱心天使”，与学生打成一片，亲近无比。他们给学生充分自由，让学生享受高度“自治”，特别是在没有制定正式班规的前提下，这种看似“民主”的领导方式常常会让班级处于放任自流的状态。而实际上，班级管理者应该认识到领导方式需根据学生成熟度的变化进行调整。一般来

---

① 韩仁生，苗军芙，李传银．教育心理学［M］．济南：山东人民出版社，2013：271－272.

说，当班级成员的平均成熟度处于不成熟阶段时，采取命令方式最有效；当班级成员的平均成熟度进入初步成熟阶段时，采取说服方式最有效；当班级成员进入比较成熟阶段时，管理者的工作行为要减少，班级管理者和班级成员之间通过双向沟通、交流等方式进行管理，而不必在工作上对班级成员做太多的规定和约束；当班级成员发展到成熟阶段时，管理者应该让班级成员自己去管理自己，不要多加干预，管理者只起到督促和指导作用。[①]

二、群体动力理论

群体（group）也称团体，是指人们为了一定的共同目的，以一定的方式结合到一起，彼此之间存在相互作用，心理上存在共同感并具有情感联系的两人以上的人群。[②]

班级也是一种群体，而且在这个群体内部又存在着正式群体和非正式群体。正式群体是在班级中按照法定文件规定而建立起来的，旨在实现班级组织目标，有着规定的权利与义务、明确的权责关系及职责范围，如班委会。班级中的非正式群体，是指班级成员在交往过程中以情感为纽带自发形成的、满足个人心理需求的群体。[③] 比如学生自己组织的兴趣小组、学习小组以及其他由于某种因素聚合在一起的小群体等。

心理学家勒温提出的群体动力理论认为，一个人的行为是个体内在需要与环境外力相互作用的结果。而在社会生活中，群体心理与行为受群体所处环境的影响和制约，是群体内部特征与环境共同作用的结果。这种影响群体发展的内外环境作用，就是群体动力。[④]

（一）群体动力的构成要素

群体动力是影响群体心理与行为的合力，主要包括群体凝聚力、群体压力、群体士气等。

1. 群体凝聚力

群体凝聚力（group coherence）是指群体对其成员的一种吸引力，吸引着群体成员愿意留在群体中。在高凝聚力的群体中，群体成员团结一致，齐心协力，积极向

---

① 尹伟．领导方式理论及其对班级管理的启示［J］．天津市教科院学报，2009（1）：56.

② 石岩．高等教育心理学［M］．太原：山西人民出版社，2014：221.

③ 郑航．班级管理与学生指导［M］．北京：北京师范大学出版社，2011：31.

④ 刘新民，余亮．管理心理学［M］．合肥：中国科学技术大学出版社，2014：62.

上；在低凝聚力的群体中，情况则相反。①

影响群体凝聚力的因素有：

（1）群体的领导方式。实行民主型领导方式有助于增强群体凝聚力。

（2）群体的目标。凡目标明确并广泛被群体成员自愿接受的群体，其凝聚力就有可能较强。同时，群体成员把群体目标化为自己的自觉行动，主动去分担群体的目标。成员分担群体目标的程度越高，群体凝聚力就越强。

（3）群体成员的社会属性与心理特征相似性程度。社会属性与心理特征相似性主要是指在民族、文化、教育、价值观念、态度、兴趣、爱好、性格、年龄、职业等方面特征的相似。越是相似，就越容易产生好感和喜爱，彼此也就越容易投入更多的感情，产生良好的人际关系，也就越容易增强群体的凝聚力。

（4）群体的领导者与成员的关系。若领导者与群体成员同心同德，关心成员，与群体成员保持良好的关系，又领导有方，能作出正确和有利于群体的决策，使群体的工作任务顺利完成，该群体一般会有较强的凝聚力。

（5）群体成员间的思想与情感沟通程度。一个群体的成员间越是经常互动、相互交往，就越是有助于增强群体的凝聚力。

（6）群体间的竞争程度。一个工作群体与其他群体的竞争越激烈，则群体凝聚力就越强。

（7）群体规模的大小。一般而言，群体规模越小，群体凝聚力就越强。

（8）个体需要的满足程度。一般来说，越能满足成员需要的群体，其所产生的凝聚力越强。

（9）群体的社会地位。一个群体成就越大，声望就越高，群体成员的归属感和自豪感也就越强烈，群体的凝聚力就越强。②

2. 群体压力

群体压力（population pressure）是指群体内使群体成员自觉保持与群体大多数成员一致性的一种无形的力量。③

个体在群体压力面前，往往会采取顺应的方式；也有个体成员坚持自己的意见，但有可能被群体排斥和孤立。当这种压力非常大时，群体成员就会顺从群体压力。

3. 群体士气

群体士气又叫团队精神，是指群体中存在的一种齐心协力、高效率进行活动的精

---

① 石岩. 高等教育心理学［M］. 太原：山西人民出版社，2014：223.

② 赵应文，胡乐炜. 精编组织行为学［M］. 2版. 武汉：武汉理工大学出版社，2013：136－137.

③ 石岩. 高等教育心理学［M］. 太原：山西人民出版社，2014：225.

神状态，具体表现为群体成员对群体感到满足，乐意成为该群体的成员，愿意齐心协力达成群体目标等。①

（二）群体动力理论与班级管理

1. 群体凝聚力与班级管理

从以上影响群体凝聚力的因素来看，为了增强班级凝聚力，班级管理者可以从以下几个方面入手。

（1）施行民主管理。

提升自身素质，多关心学生，在学生中建立起威信；在分配任务时，尽量照顾到班里每个学生的能力和兴趣；作决定或者制定规章制度时，尽量和班级成员讨论后决定；在给班级成员分配任务时，给他们更多的选择，而不是强制性命令；平时多参与班级活动，跟学生拉近心理上的距离。

（2）制定明确的班级目标。

和全班同学一起制定明确的班级目标，让学生有目标可追。而且，目标要符合本班学生实际，容易被本班学生自愿接受，学生才会把实现班级目标变成自己的自觉行动。

（3）保持良好的师生关系。

班级管理者不仅自己要和学生保持良好的师生关系，也要引导学生之间保持良好关系。平时可以多组织一些学生喜欢的活动，师生之间、生生之间多交往、多沟通。这样，班级管理者和学生同心同德、互相关心，班级自然会有较强的凝聚力。

（4）小规模管理，满足需求。

班级成员尽量不要太多，如果没办法改变班级成员，可以把整个班级分成若干个小组，每个小组都有各种任务的负责人，或者给每个成员分配适当的任务。另外，平时多了解学生实际情况，尽量满足学生需求。

（5）树立竞争对象，提升班级地位。

适度竞争有利于提升班级凝聚力，为班级找一个竞争对手，让本班有上进的动力。一旦本班在学校里有了一定地位，班级成员自然会为了班级的荣誉而更加努力。

行动与思考：你们班有竞争对手吗？如果有，请说说为什么要找一个这样的竞争对手？

---

① 赵应文，胡乐炜．精编组织行为学［M］．2版．武汉：武汉理工大学出版社，2013：138.

2. 群体压力与班级管理

在一个班级里，群体压力一般指的是规范压力，即班级所确立的行为标准，班级的每个成员都必须遵守。这些行为标准可能是明文规定的，但大多数是非正式的、约定俗成的。班级成员只要还想继续待在这个班级中，不管情愿还是不情愿，都要遵守这些标准。一旦个体成员不遵守这些标准，他们就有可能被群体排斥，这就对他们产生了压力，也迫使他们服从群体。因此，作为班级管理者，制定明确的班级行为标准很重要，同时在日常生活中，引领正确的行为规范，使得每个班级成员都有章可依。

3. 群体士气与班级管理

要想让自己的班级具有良好的群体士气，班级管理者首先要有较高的威信；其次，应该信任班级成员，给班级成员参与班级事务的机会，促成班级成员间的良好互动与合作，同时让班级成员有成就感，对本班奋斗目标有认同感。

100遍的保证书①

某华文学校为了督促学生学习华文，举办了一项活动，即在课外，每当老师听到学生说普通话，就在学生的卡片上签名。学期结束时，如果某学生的卡片被老师签满了名字，老师就会给学生加分。而如果学生有一半甚至一半以上的卡片没签名，就会影响到他们的成绩。这种活动给学生带来很大的压力。大部分的学生都被迫伪造签字。有一天，E老师在课堂上问哪些学生伪造了签字，并让他们一个一个站起来承认，之后让这些学生写100遍“我，×××同学，以后不会伪造签字了”。那天下午，有的学生就在班里写了100遍后交给老师；有的学生只写几遍就交给老师了；还有的学生直到放学时还没写完，只好留下继续写，写完后交给老师。同学们发现，老师根本没有看他们写得怎么样，直接把保证书扔进了垃圾桶。老师的举动全被同学们看在眼里。离开教室的时候，有几个同学跑到洗手间里哭了。后来，他们再见到E老师时，虽然表面上还是尊重他，但已经觉得他非常假了。

思考与讨论：从群体士气和群体压力来看，你认为E老师的做法怎么样？

三、班级纪律理论

纪律有多种定义。心理学者莫勒斯（Moles）认为，纪律是“使学生遵守与成人

① 该案例由暨南大学华文教育专业2007级学生施美美提供，稍有改动。

主流社会相一致的行为规则”；也有研究者认为，“纪律就是要避免学生出现影响学习过程的破坏行为”。[①]《心理学百科全书》中总结了课堂纪律的三种基本含义：①纪律是“惩罚”；②纪律是“命令加监督”；③纪律是“改正错误和强化训练”。[②]《国际教育百科全书》中总结的是“一方面，纪律是指施加外部控制来纠正行为；另一方面，纪律又意味着发展一个人对自身行为的内部控制力”[③]。一般说来，每个班级管理者都不希望班级成员出现违反纪律的行为。不过，不同的班级管理者对于同样的学生行为会有不一样的看法：有些行为在有的班级管理者眼中属于违反纪律的行为，而在另一些班级管理者的眼中并不属于违反纪律的行为，这就产生了不同的纪律理念以及相应的解决措施。

思考：你比较赞同纪律的哪一种定义，为什么？

（一）引导模式

引导模式认为儿童是自己命运的主人，可以自己作出决定使个人成长。因此，班级管理的主要目的应该是培养有同情心的、能够自我管理的学生，并与学生建立起良好的关系。在具体方法上主张建构环境促进学生对他们自己行为的控制，帮助学生看到问题，并且引导他们作出合适的决定来解决问题，允许学生表达他们自己的情感。

以托马斯·戈登（T. Gordon）的自我控制理论为代表，在解决纪律问题时，引导模式主张教师首先需要弄清楚纪律问题对谁造成了影响，然后采取不同的对策。引导模式的代表是阿尔菲·柯恩（A. Kohn）的超越班级管理理论和托马斯·戈登的自我控制理论。其中戈登提出的班级管理措施有以下几个：

1．预防

当学生的行为对学生和教师都没有带来问题或麻烦时，教师也需要采取预防措施以防止即将出现的问题。教师可以利用第一人称诚恳表达愿望；可以和学生共同制定规则，共同商定对策。

2．帮助

当学生的行为对他自己产生问题或麻烦时，教师不是替学生解决问题，而是应该给学生提供帮助，最重要的是仔细倾听。

---

① 王桂平，等．国外关于课堂纪律问题的研究述评［J］．外国教育研究，2005（6）：77．

② 心理学百科全书编委会．心理学百科全书［M］．杭州：浙江教育出版社，1995：370．

③ 胡森，袁军．国际教育百科全书：第三卷（D－E）［M］．贵阳：贵州教育出版社，1990：124．

3. 积极应对

当学生的行为对教师或者其他学生产生不利影响时，这是教师不能接受的，教师需要积极应对。首先，教师不是要改变学生，而是要用积极的环境去影响学生，比如通过改进教学、改变教室环境等激发学生学习积极性。其次，教师可以用第一人称诚恳表达自己的感受和愿望。最后，师生互谈感受，共同协商一个双方都能接受的方法。

（二）互动模式

互动模式认为儿童的发展来自于内部和外部力量的共同作用。班级管理者在解决问题时需要正视学生并与其签订契约劝导学生。在具体方法上，应和学生多互动，阐明互相能够接受的问题解决方法。互动模式的代表是尼尔森（Nelsen）、罗特（L. Lott）和葛林（S. Glenn）的积极的纪律理论以及威廉姆·格拉瑟（W. Glasser）的非强制性纪律理论。

（三）干预模式

干预模式认为儿童的发展首先来自于外部的力量和条件，儿童由他们所处的环境所塑造。班级管理的主要措施是建立规则并给予奖励与惩罚。即教师需要强化学生恰当的行为，去除学生不恰当的行为。具体方法有行为改造、行为契约和强化刺激等。① 干预模式的代表是肯特尔夫妇（L. Canter & M. Canter）的决断的纪律理论和弗瑞德·琼斯（F. Jones）的积极的纪律理论。②

1. 决断的纪律理论

肯特尔在1976年出版的《决断的纪律》一书中提出了一种教师以稳定的和积极的方式控制班级的管理方法。这具体体现在以下几个方面：

（1）明确教师权利与责任。

教师要做到清楚地制定规则，让学生明白可接受的和不可接受的学生行为的界限；在处理学生行为时，若有需要，可请求家长或者其他管理者帮助。

（2）纪律的目标。

肯特尔提出决断的纪律的目标是为了教会学生选择负责任的行为，并且通过这样做来提升他们的自信和促进他们的学业成功。

（3）制订班级计划并严格执行。

班级计划包括三个方面：①学生在所有的时间都必须遵守的规则；②当学生遵守规则时，能够得到积极的认可；③当学生选择不遵守规则时所导致的后果。

---

① 徐长江，宋秋前. 班级管理实务［M］. 北京：高等教育出版社，2010：45－46.

② 伯登. 成功地经营你的班级［M］. 3版. 张艳华，译. 北京：中国轻工业出版社，2006：36－39.

决断纪律中的积极的认可

来自弗吉尼亚州的五年级老师坎米：为了在我的决断及纪律计划中提供积极的认可，我每个月为每一个学生做一个月历。如果一个学生做得很好，并且完成了当天的所有工作，我就在他的这一天上贴上一张邮票。如果他做得不好，那么我会在他这一天上写上为什么没有得到邮票。当一个学生连续得到 10 张邮票时，我就会允许他可以不做一次家庭作业。在每个月末，月历就会送到学生家里让学生家长签字，再返回到我这里。这种个人的月历成了我教的五年级的班中一种强有力的动力。

思考与讨论： 你赞成坎米老师的做法吗？为什么？

2. 积极的纪律理论

1987 年，琼斯出版了《积极的班级纪律》一书，强调教师能够帮助学生发展他们的自控能力。琼斯推荐教师使用以下六大策略来制定积极的纪律。

（1）组织教室。

教师要考虑各种规则、标准、座位的安排以及师生关系等，并把这些教给学生。

（2）使用合适的教学策略。

琼斯建议教师使用表扬、促进和离开三步法，而不是把太多的时间花在一个学生身上。首先，教师表扬学生做得对的地方；其次，通过告诉学生下一步怎么做来促进学生，并且鼓励他们那么做；最后，教师离开，就有可能有空去帮助其他的学生。

（3）使用身体语言。

教师可以利用眼神、身体接近、身体姿势、表情以及手势等来注意和监控学生。

课堂上爱说话的学生——怎么办?①

根据琼斯的建议，教师的行为最好与下面的实例相近：

（1）当单老师在解释除法时，小山与小金正说笑着，单老师就用眼神注视他们，停了一会儿，然后才继续讲解。当单老师注视他们时，小山和小金可能停止说话。

但如果他们继续讲话……

（2）单老师再度暂停，看着他们，缓慢但明显地摇头。他也许做一个短暂伸出手掌的手势。小山与小金可能停止说话。

但如果他们继续讲话……

---

① 金树人．教室里的春天：谈教室管理的科学与艺术［M］//徐长江，宋秋前．班级管理实务．北京：高等教育出版社，2010：47.

(3) 单老师冷静地走过去站在他们旁边，并问全班说："谁认为自己能到黑板上算出5/8除以1/5，并一步一步地告诉我们怎么做?"这时他们应该会停止说话了。

但如果他们继续讲话……

(4) 单老师注视他们并冷静地说："小金、小山，我要你们现在立刻停止说话。"

如果他们根本不管单老师的命令，他应该停止上课，把两个学生分开，让他们坐在教室两个相反的角落，或使出最后手段，通知他们放学后留校。

像这样的案例，需要与两位学生进一步协谈。如果他们继续反抗，就需要由校长、教务主任、政教主任或学生家长来处置。要注意的是，除非是最严重的情况，否则单老师使用肢体语言即可，最好不要用到口语的质问，并尽量不影响上课进度，继续教学会使学生专心上课而不至于浪费教学时间。

(4) 课堂上说、看、做并用。

课堂上，教师可以这么做：教师说（或做），学生看，然后学生用教师呈现的信息来做事情。

(5) 运用激励，促进合作。

琼斯建议使用"爱好的活动时间"的激励系统。学生作出适当的行为并且合作时，就可以增加"爱好的活动时间"。当一个学生作出不当行为时，教师会记录违反规则的时间长度，并将这个时间从整个班级的时间中减去。

(6) 备用系统。

对于严重的不当行为，琼斯制定了从低度到高度的惩罚措施。低度的惩罚包括使用警告，给学生的家长寄一封信（如果改正了行为，就不需要寄信）。中度的惩罚包括暂停、放学后留校、丧失特权和叫家长。高度的惩罚包括留校、周末到校、把学生送到家长单位、要求家长在学校陪读、中止学习、警察干涉和开除。

四、班级管理理念的发展方向

世界上不存在完美的管理理论，现实的班级管理常常是综合使用多种理论，并把它们变成更有实践性的管理理念。有研究表明，关爱、自主、相互信任与尊重、分享权利与分担责任等，已经成为当代美国的核心班级管理理念，而且其班级管理理念的发展呈现出以下方向和特点，这可以给其他国家的班级管理提供借鉴。①

1. 强调秩序与规则的预防功能

当代班级管理理念以"关爱""自主""分享权利与分担责任"等为主题，但同样强调规则和秩序的重要性。有所变化的是，传统管理理念中规则和秩序是为了"治病救人"，即先定好规则和秩序，当学生出现不当行为之后，再根据这些规则来处理不当行为；而现在的班级管理理念则更强调教师向学生解释班级规则和秩序的重要性，目的是为了防止学生出现不当行为。有效班级管理的教师一般都会运用各种方法来防止学生不当行为的出现。

2. 鼓励合适的学生行为

当代管理理念认为，班级规则和秩序只能在一般意义上给学生的行为提供参考，然而情境是不断变化的。因此，应该鼓励和培养那些对学生学习有利的行为。

3. 培养积极的人际关系

教师应该重视建立并保持良好的人际关系，包括师生关系、生生关系、同事关系、教师与家长的关系等。教师在学生面前应该扮演一个好的倾听者，掌握一些具体的技能，主动倾听、增进交流、创设机会、培养学生的自尊意识、与学生共同探讨班级管理问题等。

4. 重视教学与管理的相互影响

传统的班级管理理念强调管理的目的是维持班级秩序，而现在的管理理念认为班级教学和班级管理之间是相互影响的，有意义的、能动的教学活动能够促成良好的班级秩序。因此，有效的教学策略非常重要。

5. 培养学生的自控能力

当学生出现问题行为时，几乎所有的班级管理理念都强调教师从外部对其进行干预。但是，当代班级管理理念认为学生只有从内心审视自己的行为，管理才能达到真正的效果，因此更应重视培养学生自身的行为控制意识和能力。

第二节　班级常规管理

班级常规管理是指班级管理者根据学校、班级的规章制度对班级日常性工作进行管理。制定班级常规就是为管理学生的各类日常行为而建立一整套相对稳定并被全班

① 卜玉华. 20世纪下半叶以来美国班级管理理念的发展趋势分析［J］. 集美大学学报，2004（2）：54－56.

学生认同的规则。

A老师和班规的故事①

A老师经过几天的调查和思考，拟制了一份长达60条、共3000多字的班规，并给每个学生复印了一份，要求学生先自学，又利用班会课时间集中学习了2次。可几个星期之后班里的情况却比以前更差了。究竟是哪里出了问题？A老师反复思考。有一天，他收到了一张匿名纸条，上面写着几个问题：①谁的班规？谁说了算？老师在定规矩时，考虑过同学们的心愿吗？②班规内容太多，谁能全部记得住？难道还要同学们天天随身带着班规并对照自己的一言一行？③班规全部是“不准”“不许”之类的条款，显得冷冰冰的，不近人情，而且有些要求太高，普通同学难以做到，怎么办？看到纸条，A老师陷入了沉思。

又一次班会课，A老师说：“此次学习班规的主要目的是让大家看一看有哪些班规需要改进？不适合的，就删减。”学生的兴趣一下子就起来了。有些同学说班规应该简化或者删掉一些条目。A老师趁机宣布两项任务：一是每人都要在规定时间内为班级设计一条班规。二是每组挑一个同学组成“班规建设委员会”，由他们征集大家的意见，决定讨论修订日程。自从那天开始，班里的气氛就变得十分活跃，设计什么样的班规成为同学们下课之后最热门的话题。两周后，“班规建设委员会”负责人通知A老师下周一将会在班会课上表决新班规。在班会课上，A老师发现新班规条目减少却贴近班级实际，例如其中的一条是针对值日生的：“拖把拧干净，以提起不滴水为宜。”原来，他们听说最近其他班接连发生了同学滑倒的事件，就对此进行了专门调查。调查结果是值日学生怕弄脏手，不愿意拧干拖把。因此，他们对此提出了明确要求。新班规顺利通过了，因为是全班同学共同决定的，遵守新班规也成了每位同学的自觉行动。两个月下来，全班竟然没有发生一起违反新班规的行为。

思考与总结：

1. 你认为班规应该由老师制定，还是由学生制定？
2. 班规应该是禁止学生行为，还是鼓励学生行为？
3. 从上面的案例，你认为制定班规时还需要注意哪些方面？

---

① 根据百度文库《制定班规》修改而成。

一、班级常规的制定

有些班级管理者不顾班级实际情况，制定的班级常规非常严苛，而实际上，学生根本做不到甚至对此产生抵触心理。因此，制定班级常规，首先需要弄清楚制定班级常规的基本要求是什么。

（一）制定班级常规的基本要求①

1. 民主

班主任应该引导全体学生参与规则的制定过程，规则由全体成员讨论商定，更易被学生接受和执行。

2. 可行

制定的规则应该符合学生和班级实际情况，最好能够说明如何执行以及如果违反了要怎么办等。

3. 激励

制定规则的目的是为了教育学生，促进学生发展，而不是为了惩罚学生。因此，班级管理者应该经常提醒学生自觉遵守规则，而不是用规则压制学生。

4. 正向

规则最好能够说明学生应该做什么，而不是不准他们做什么。比如，可以说“请按时上课”，而不是“不准迟到”。

5. 简洁

班级常规的表述要尽量简短清楚，重点突出，方便班级成员记忆并执行。

6. 互制

班级常规应该能够体现师生之间、生生之间的相互制约。班级常规不仅仅要管理学生，也应该管理教师。

（二）班级常规的制定过程

在班级常规的制定过程中，班级管理者的引导非常重要。一般情况下，如果是针对幼儿园或者是小学低年级的学生，班级管理者本人根据班级实际情况制定好班规即可。不过在执行过程中，班规需要根据实际情况不断改进。而小学高年级以上的学生，他们的自我管理意识越来越强，班级管理者可以先提出一些规则，再请全班同学修正、补充或删减，由集体商议决定，具体过程可以有以下几个步骤：

---

① 谌启标，等．班级管理与班主任工作［M］．福州：福建教育出版社，2007：40－41．

1. 班级管理者提出班规要点

学生在班级中的日常行为大致分为五类：基本思想表现行为、纪律日常行为、学习日常行为、活动交往日常行为和环境卫生日常行为。① 班级管理者可针对每一类行为先提出班规要点。

2. 师生共同商议班规内容

班级管理者请全班同学一起商议班规内容，每个同学可以仿照学校校规或者国家法律的条款形式，结合班级管理者原先的提议，提出自己的想法。同时，全班同学可以选举出起草班规的核心小组，来综合同学们的提议。

3. 学生分组拟定班规条款

将全班同学分成几个小组，每个小组针对某个方面的班规，写好条款内容。

4. 全体成员讨论通过

每个小组将已经写好的班规交给班级管理者和核心小组进行综合，变成一份比较完整的班级常规，再交由全班同学讨论决定，反复修改。

5. 核心小组最后定稿

核心小组再次综合大家的意见和建议，将比较成熟的班级常规交给班级管理者全面审核，经过修改后，变成比较完善的班级常规。

6. 广泛征求意见

将班级常规印发给学生，广泛征求大家意见。若绝大多数同学没有异议，班级常规便可确定下来。

7. 通告全班执行

将最终确定的班规通告全班，请大家自觉遵守。

二、班级常规的实施

班规在执行过程中，或许能得到全体同学的认可而顺利执行；或许会遭到一些同学的反对而形同虚设；因此，在执行班规过程中，班级管理者的引导也很重要。

1. 班规试行阶段

在这个阶段，班级管理者要在全班做好宣传工作，引导同学们熟悉班规，准确了解各项行为标准以及奖惩标准，鼓励学生依照班规行事。

2. 班规执行阶段

当学生熟悉班规之后，就开始正式执行班规。班级管理者应当引导同学们根据班

① 熊华生. 班主任工作教程［M］. 武汉：华中科技大学出版社，2013：64.

规进行自我检查，利用班规规范个人行为；同时，班级管理者还要比较详细地记录学生行为，包括积极、进步的行为以及不恰当的行为，从而鼓励积极、进步的行为，帮助学生改进不恰当的行为。在执行班规的过程中，应该严格遵守奖惩标准，做到公平公正。

3．班规评估与改进阶段

班级管理者在这一阶段主要有两大任务，一是检查同学们执行班规的情况，这是最重要的任务；二是搜集同学们的建议和意见，进一步改进和完善班规。

首先，详细考察各项学生行为记录，对比班规执行前后学生行为的变化，并把变化结果及时反馈给学生，肯定和鼓励符合班规的行为，并提示学生如何改正不当行为。在适当的机会，把结果反馈给学生的家人，以便家庭和学校共同促进学生发展。

其次，更加广泛地征求同学们的建议，针对那些标准过高、不太可行的班规，给予进一步修正。

美国教师的班级管理经①

良好的开端让你渐入佳境。很多教师在学年的一开始就会犯这样一个错误：没有明确的班级管理规则。学生们在很短的时间内就会摸透班里的情况，并且知道怎样做可以逃避处罚。一旦你开了一个默许他们犯错的先例，班级管理就很难再搞上去。

避免杀一儆百。要让班级秩序良好，那么在处理学生纠纷的时候，你最好私底下进行，不要在班内让他们当面对质，不要让他们其中的一个或几个在朋友面前丢脸。杀一儆百的做法不是好做法。

公平是关键。学生们都有一个直观的感觉：什么是公平的，什么是不公平的。如果你期望被学生尊重，你就必须要对所有的学生公平。如果你不能平等地对待班内所有的学生，学生就会在心目中给你贴上不公平的标签，学生就不会再听你的话。谨记就算是你最得意的学生犯了错，你也一样要毫不姑息。

切忌喜怒无常。作为班主任，你可能会做的一件最不好的事就是不能前后一致。如果某一天你因心情好而忽视了班内的一种不良行为，没有及时指正，然而第二天你却又因心情不好而批评了某一学生犯的极小的错误，那么，你很快就会失去学生的尊重。喜怒无常是最不为学生所喜欢的。一旦你失去了学生的尊重，那么学生也就不会再去讨你的欢心。

不要忘记对你的学生微笑。虽然你应该在学年的开始就保持一种严肃的态度，因

① 黄杰．美国教师的班级管理经［J］．教育理论与实践，2008（9）：49．

为大家都知道这样可以为自己留有余地：先严后宽易，先宽后严难。但是这并不意味着你就应该作凶神恶煞状，让学生认为你在这里一点也不开心。

不要大发雷霆。一旦你在学生面前大发雷霆，就意味着你已经输给了你的学生。当然这并不是说在任何时刻你都不能提高声调，但经常在学生面前大发雷霆会让你的班级变得更糟。不要在学生面前说其他老师的闲话。当学生在你面前抱怨某位任课老师，而你也确实认为该老师做得不妥时，切记不要在学生面前表露你的态度。你应该把这些意见带给当事人或管理部门。你在学生面前所说的每一句抱怨其他老师的话，都会被学生广为传播。

每天“更新”。这一条不是说让你对学生前几天犯的错误既往不咎。如果他们前几天已三次违反班级纪律，那么今天再扰乱的话就是第四次。每天“更新”的意思是说在新的一天开始的时候，你应该在内心对学生有一个良好的期待，期待他们今天会表现良好。不要这样设想：朱莉这周每天都犯错误，那么她今天一定还会捣乱。如果这样想，你就不会对朱莉有好脸色，会导致朱莉重新犯错误，这是消极暗示导致的结果。

上面美国教师的班级管理经也告诉我们，作为一个班级管理者，明确管理目标，清楚管理原则，掌握管理方法，都非常重要。

第三节　班级管理的常用方法

作为班级管理者，特别是刚开始任教的教师，掌握常用的班级管理方法，对正常开展班级管理工作、顺利完成教学任务等都是很有必要的。

一、调查研究法

调查研究的内容包括了解学生个体和班级整体的情况。学生个体情况包括个体的思想情感、兴趣爱好、学习态度、学习成绩、学习方法、家庭情况、个性品质、人际关系等。班级整体情况包括班级的学风、班风、人际关系、班级核心人物等。调查研究法一般可以通过访问、开座谈会、发放问卷等具体方式进行。

二、说理教育法[①]

说理教育法是指通过摆事实、讲道理，引导学生形成合理观点的方法。说理教育法强调正面教育，启发学生的自觉性，达到以理服人的目的。

说理教育法常用谈话的方式进行，也可以通过报告、演讲、讨论、辩论、参观访问、调查等形式进行。

很多所谓的“问题”学生并不喜欢老师的说教。因此，班级管理者在进行说理教育时，态度一定要诚恳，观点一定要客观，而且一定要针对学生特点进行。特别是在利用谈话的形式进行说理教育时，要选对时间和地点。

戒除网瘾[②]

陶宏开，美籍华人，华中师范大学特聘教授。2004 年 5 月，他因主动帮助“网瘾”少年戒除“网瘾”，在社会上引发了一场声势浩大的“挽救上网成瘾者行动”，全国（中国）反响强烈。刘涛，一位正在读高三的男孩，已有 5 年“网瘾”。5 年里，他不听家人的任何劝告。家人没办法，就把他带到了陶教授的家里。以下是陶教授与刘涛的对话：

刘涛：听说你可以在几个小时里改变一个人，你真有这么神奇吗?

陶宏开：你看我这张桌子在变化吗?

刘涛感到莫名其妙。

陶宏开：其实它在变化，慢慢变旧。你也在改变，因为你在一秒一秒地长大。你能告诉我世界上哪件东西、哪个人不变化吗?

刘涛无语。

陶宏开：我也在变化，在不断完善自己。比如我做心理咨询，如果我没有治好，我就要改变方法，我是活到老学到老。

刘涛低头无语。

陶宏开：我当然希望所有孩子都能变好，不过人的改变在于自己，如果你不想改变那我也没办法。你觉得我想改变你吗?

刘涛支吾着没说话。

---

① 恒平，张和平．班主任工作精要［M］．太原：山西科学技术出版社，2011：29.

② 胡明根，丁明标．班主任工作案例分析［M］．北京：科学普及出版社，2007：38－40.

陶宏开：我从来都要求自己向好的方向转变。我做人有“三自”原则，自爱、自护、自善。你懂什么叫自善吗？善就是自善其身，就是不断向好的方向转变。

刘涛慢慢抬起头看着陶教授，似乎有所触动。

陶宏开：所以不是要不要变化，而是选择向哪个方向变化。我想每个人肯定都希望向好的方向变化，你也是这样想吧？

刘涛：是的。

陶宏开：那你小学时是不是好一点呢？

刘涛：小学很好啊，我还得过奖呢。

陶宏开：为什么小时候好，现在不好呢？

刘涛默不作声。

陶宏开：你从什么时候变得不好呢？

刘涛：初中。

陶宏开：你认为是上网影响你的学习吗？

刘涛：是的，因为上网就不想学习。

陶宏开：那你想变坏吗？

刘涛：当然不想，我又不是傻瓜。

陶宏开：你还年轻，许多和你一样大的孩子都没有认真考虑过这个问题，所以我不怪你。学校和家庭的一些疏忽和错误让你没有意识到自己的变化，或者没有提醒你注意向好转变而不是向坏转变。

刘涛的眼神变得非常柔和。

陶宏开：那你想向好的方向转变吗？

刘涛：我当然想向好的方向转变，还想让家里把我转到最好的学校去。

陶宏开：可是好学校也会有坏孩子，差学校也能出好学生。你觉得是内因第一还是外因第一呢？

刘涛：当然是内因第一，这谁不知道？

陶宏开：既然你知道内因第一就要学会调动内因，你真想学习吗？

刘涛：有时想学。

陶宏开：那你其他时候干什么呢？

刘涛：上网啊。

陶宏开：你觉得我坦诚吗？

刘涛：坦诚。

陶宏开：我只想了解你的实际情况，你愿意和我交流吗？

刘涛点了点头，把自己的经历原原本本地告诉了陶教授。

陶宏开：你自己也很清楚，初一成绩不错，初二开始下降，高中一塌糊涂，这说明你还是意识到了自己的问题。那问题如何解决呢？

刘涛：看吧。

陶宏开：还看什么，你马上就要高考了，如果还不抓紧调整就来不及了。

刘涛：我会的。

陶宏开：路要一步步走，我允许你有个过程。首先不去上网，要控制自己，回去后把今天谈话的感受写下来，你能做到吗？

刘涛：可以。

一个月后，他的父母兴奋地告诉陶宏开，刘涛没有再去上网了。

很多学生讨厌老师讲大道理。我们不妨像上面案例中的陶宏开教授这样，事先仔细了解学生的情况，在聊天过程中投其所好、赞其优点、心平气和、态度诚恳、要求明确、循循善诱，很多学生还是愿意听这样的“大道理”的。

三、民主管理法

民主管理法是指在民主的班级管理观念指导下，建立起包括计划、监督、反馈等科学的管理程序，并根据规则和程序对班级进行管理的方法。

首先是制订计划，为班级立法，确定总目标并分化成小目标，责任到人。班里的每一个学生都是班级的管理者，都有管理班级的责任。

其次是对班级管理过程的监督和检查。班级管理者和全班学生一起对班级管理的过程进行监督和检查，可以实行学生个人自检、同学之间互检、班级管理者检查等检查方式，保证班级管理能够正常有序进行。

最后是对班级管理的反思与评价。在班级管理过程中，总会出现这样或那样的问题，班级管理者应该经常引导全班学生对班级管理进行反思，发现问题，及时解决。

四、激励法

马斯洛的“需要层级理论”认为人的需要分为五种，包括生理的需要、安全的需要、社交的需要、自尊的需要和自我实现的需要。班级管理中的激励法就是指班级管理者要不断了解学生的需要层次，满足其原有需要并不断激发其新的需要的方法。

激励的手段有很多种。班级管理者应该根据班级和学生的实际特点采取不同的激励手段，比如责任激励、理念激励、奖罚激励、荣誉激励、目标激励和竞赛激励等。

使用激励法时需要注意：应当注重增强学生的责任感；应当多奖少罚，重奖轻罚；应当少用物质奖励，多用精神奖励；应当注重对学生的情感激励，对学生表示尊重、信任、支持和帮助。①

五、榜样法

榜样法，即提供特定行为（或行为变化）的模式、范本，进行行为（或行为变化）的示范。当事人通过对榜样的观察进行学习，即获得榜样的示范行为并去进行模仿操作。② 榜样法一般用来纠正和消除不良行为或培养和发展良好行为。使用榜样法时需要对“榜样”进行筛选。首先，榜样应该在年龄、性别、态度、价值观、文化背景等方面与观察者相仿或接近，这样观察者就会更愿意模仿榜样。其次，榜样的能力水平一般应该与观察者相仿或稍高，这样有利于唤起学习者向榜样学习的愿望。榜样的能力水平过低会对观察者失去吸引力，过高也会使观察者感到无法达到而不愿意模仿。另外，榜样需要有良好的品德、行为举止、声誉或地位，这样更能激起观察者的模仿欲望。

六、暗示法

心理学中著名的“皮格马利翁效应”（Pygmalion effect）给班级管理的启示是：赞美、信任和期待具有一种能量，它能改变学生的行为。当学生获得了班级管理者的信任、赞美时，他便感觉获得了一种积极向上的动力，他会尽力达到班级管理者的期待。因此，班级管理者应该时常给予学生积极、正向的暗示和期待，让学生有积极向上的方向和动力。

来自贫民窟的黑人州长③

1961 年，皮尔·保罗担任诺比塔小学的董事长兼校长。诺比塔小学位于纽约的大沙头贫民窟。这里是偷渡者和流浪汉的聚集地，环境肮脏，充满暴力。生活在这里的

---

① 田恒平，张和平．班主任工作精要［M］．太原：山西科学技术出版社，2011：30－31.

② 岑国桢．行为矫正：原理、方法与应用［M］．上海：上海教育出版社，2013：218－220.

③ 杨建峰．世界上最有趣最有用的心理学定律［M］．汕头：汕头大学出版社，2015：85－86.

孩子们，几乎个个从小就染上了逃学、偷窃甚至吸毒的恶习。

皮尔·保罗想了很多方法，也没能改变孩子们的现状，他们依然旷课、打架、打砸教室的玻璃和黑板。一次偶然的机会，他发现此地盛行迷信，于是上课时就多了一项内容——给孩子们看手相，希望以此激励、改变学生。

当一个黑人小男孩儿把手伸向讲台，皮尔·保罗说："我一看你修长的小拇指就知道，将来你是纽约州的州长。"这句话让小男孩儿大吃一惊，从没人告诉他可以走出这个贫民窟，哪怕是从事一份体面的工作。可是，校长竟然预言他将来会当州长。这多么激动人心。

从那天起，小男孩儿的衣服上不再沾满泥土，说话也不再夹杂着粗言秽语。他挺直腰板走路，在以后的几十年间，无时无刻不按州长的身份要求自己。

51 岁那年，昔日的黑人小男孩儿终于当上了州长。他就是罗杰·罗尔斯——美国纽约州历史上第一位黑人州长。

当罗杰·罗尔斯回答记者"是什么把你推向州长宝座"的问题时，他只谈到了一个名字——皮尔·保罗。

在以上案例中，皮尔·保罗想尽各种办法给孩子们正向积极的暗示和引导，而不是抓住他们的恶习不放，正是好的暗示，激励孩子们一步步走向成功。

七、评语法

评语法就是用语言对学生进行评价的方法，包括口头评语和书面评语。口头评语一般用于教学过程和课下交流中，基本原则是真诚、客观、积极。在教学过程中，教师的课堂评语应该是激励式的，对学生的评价不能只是简单的"对""错""很好"等，而应该给予学生客观的、真诚的评价。在课下交流中，教师及时的鼓励、善意的建议等也会给学生带来深刻影响。书面评语可以写在评价册上，可以写在作业本上，也可以以"悄悄话"的形式写在一张单独的小纸条上等。评语要注意学生的多样性和发展性，突出学生个性。写下学生的实际情况，发现其优点，给予鼓励，同时提出教师的期望，希望学生有更大进步。除了教师给出评语之外，教师也可以引导学生之间互相写评语，建议父母给孩子写评语，目的都是为了因材施教，促进学生更好的发展。

奇迹！美国老师用评语，让中国学生从厌学变学霸①

在女儿上高二时，没有和我商量，就告诉我“要分文理科了，我报了文科”。

我小心翼翼地问女儿：“你为什么这样选择呢？”女儿说：“老师说我没有数学脑子……”终于有一天，女儿迟疑地对我说：“爸，我厌学了……”

来到美国高中后。

女儿说：“一次法语课，有别的老师进来找我们的老师，我们老师正忙着，她就跟我聊了两句。我们老师过来以后说‘她刚从中国来’。那个老师说‘我知道’。我们老师又说‘刚来，法语就已经得100分了’。那个老师感叹：‘Jesus（耶稣呀）！’”这声惊叹让女儿心花怒放。

很快，她的化学又开始频频获满分。女儿给我的信写道：今天化学考试又得了100分。老师判完卷子以后，拿给别的老师看，然后说：“班里没别人这样，这都能当标准答卷了。”

后来，在申请大学时，数学老师给女儿的介绍信如下：

我很高兴写这封信，并以我的名誉担保，斯蒂芬今年参加了我的初级微积分课程的学习。学习期间，我发现斯蒂芬不仅勤学好问，而且富有同情心。她总是努力、认真地完成作业。她在数学和解决难题方面有显著特长。

斯蒂芬经常以自己优雅而且具有创造性的方式解决难题、完成数学证明。斯蒂芬也常常帮助身边的同学做难题。在校期间，斯蒂芬为了得到问题答案，通常比别人回家晚，有时候她也在学校里帮助别的同学。

同学们尊重她的文静和才智以及她解释问题时的耐心。显然，她在享受着帮助同学的乐趣。有斯蒂芬做学生我很高兴，她在任何校园都会受到珍视。为上述及更多原因，我向贵校推荐斯蒂芬。

在上面的案例中，第一位数学老师一句“没有数学脑子”让学生充满绝望，而第二位数学老师的推荐信却饱含赞赏和鼓励，让学生信心倍增。常言说“良言一句三冬暖”，作为教师，应该谨记这句话，不管是口头评语还是书面评语，都要能温暖学生的心，让学生满怀信心，得到长足的进步。

思考与作业

1. 教师的领导方式主要有哪几种？分别有哪些表现？

---

① 搜狐网.［2020-03-26］. http：//www.sohu.com/a/66865361_387091.

2. 教师领导方式对学生有哪些影响？
3. 根据群体动力理论，班级管理者在管理过程中需要注意哪些问题？
4. 班级纪律理论有哪几种模式？它们的主要观点是什么？
5. 班级管理理念有哪些新变化？
6. 制定班级常规的基本要求有哪些？
7. 如何制定班级常规？
8. 班级管理的常用方法有哪些？

反思与探究

1. 写一件跟班级管理有关的事，用本章的管理理论去分析这一事件，并想一想用哪些方法去解决这一问题。

2. 根据制定班级常规管理的要求，分小组给本班制定班规，不超过10条。

3. 调查一下你们班有哪些非正式群体。在非正式群体中有哪些重要角色？

拓展阅读

请利用课余时间阅读以下文献，并做好读书笔记。

1. 冯慧，沈逸．中美小学班级管理比较研究——以第56号教室为例［J］．外国中小学教育，2015（11）：40－41.

这部分内容介绍了美国著名教师雷夫·艾斯奎斯在第56号教室进行班级管理的做法。阅读这部分内容，可以使学生了解班级管理过程中达成目标的阶段性。

2. 钟启泉．班级管理论［M］．上海：上海教育出版社，2001：216.

这部分内容从七大方面对比了健康班级和不健康班级的特点，阅读这部分内容，有利于我们建设更健康的班级。

第九章　教育科学研究方法

学习目标

1. 了解教育科学的各种研究方法；
2. 掌握主要的研究方法并运用到教学和研究中去。

教学建议

1. 多用具体的实例展示各研究方法。
2. 列表比较各研究法的优缺点。
3. 分小组合作，利用某种研究方法设计研究方案并实施研究。

教育科学研究方法是指研究教育现象及其规律所采用的方法。中外教育科学研究一般都采取多种方法，以探求教育内部各要素之间和其他事物之间的关系以及教育的质与量之间的变化和规律。

第一节　教育科学研究的基本原则

教育科学研究与其他学科的研究有相似之处，也有教育学本身的特色。在对教育科学进行研究设计、材料搜集、数据处理、得出结论等的过程中，必须遵守一些基本原则。①

① 唐燕儿. 华文教育心理学［M］. 广州：广东高等教育出版社，2011：24－25.

一、客观性原则

客观性原则是教育科学研究的根本指导原则。它要求研究者坚持实事求是的态度，从客观事实出发，如实地反映研究对象的本来面目，并以实践作为检验标准。即研究设计应从客观实际出发，坚持实事求是的科学态度，搜集材料时要如实地记录教育过程中的案例和现象等，不能随便更改数据，下结论时要对所获得的全部事实进行全面的分析，不可任意取舍，凭一时一事来下结论。

二、系统性原则

系统性原则是指教育科学研究应坚持系统、整体的观点，既要对教学现象进行多层次、多水平、多维度的系统分析，又要对各种教育现象、其形成的因素、它们之间的相互作用等进行整合研究，做到分析与综合相结合。

三、理论联系实际原则

理论联系实际原则要求教育科学研究必须和教育实践紧密结合，充分保证研究工作的实际效用。针对华文教育的科学研究应贴合国内外华文教育的实际情况，通过科学研究，解决华文教育中的实际问题。

四、教育性原则

教育性原则要求教育科学研究应该更好地服务教学，一切不利于教学和学生身心健康发展的研究都是不允许的。这是进行教育科学研究所不容忽视的原则。

第二节　观察法

一、观察法的定义

观察法是教育科学研究广泛使用的一种方法，主要指教育研究者有目的、有计划地观察学生的学习状况或其他教育现象，收集有关资料，探索教育问题的一种直接的教育研究方法。① 观察法不限于肉眼观察、耳听手记，还可以利用视听工具，如录音机、录像机、照相机等作为观察的辅助工具。

二、观察法的步骤

在教育科学研究中使用观察法需要遵循一定的步骤。

1. 制订观察计划

研究者应先对观察的现象作出一般的了解，然后根据研究的任务和研究对象的特点确定观察的目的、内容和重点。如果情况复杂或内容多，可采取小组分工观察。最后制订整个观察计划，确定进行观察全过程所需的次数、时间、记录用纸、表格以及所采用的仪器等，并考虑如何保持被观察对象的常态等。

2. 进行实际观察

在进行实际观察过程中，既要严格按照计划进行，又要随机应变。要选择最适宜的观察位置，集中注意力，记下重点，观察时可借助仪器及时作记录，不要事后回忆。

3. 及时整理材料

对大量分散的材料进行汇总加工，删去一切错误材料，然后对典型材料进行分析。如有遗漏，应及时纠正，同时注意对反映特殊情况的材料另作处理。

比如，为了了解课堂学习中场依存型的学生和场独立型的学生学习华文效果的不同，就需要对他们在课堂上的活跃程度进行观察记录，同时分析两类学生华文学习成绩的高低，在此基础上分析不同学习风格对学生华文学习的影响。学生成绩高低可以从听、说、读、写四个方面进行测试和观察。

三、观察法的优缺点

观察法是最简单可行的研究法，操作方便且获得的资料可靠性较高，有着广泛的应用价值。20 世纪以来，许多教育家都非常重视观察法，如中国幼儿教育家陈鹤琴，曾用日记的方式，从他的孩子出生之日起，就逐日对其身心变化和各种刺激进行周密的观察，并作出详细的文字记载与摄影，连续跟踪观察 808 天，积累了大量的原始研究材料。苏联教育家赞可夫进行教育研究时，也采用长期追踪观察的方法。他的实验

---

① 李方. 教育观察法［M］//杨小微. 教育研究的原理与方法. 上海：华东师范大学出版社，2002：91－102.

人员长期进行课堂观察，在课室后面，隔着窗口一边听课一边观察作记录，通过这种观察提出了“使全班学生包括后进生都得到发展”的教学原则。国内外著名教育家的经验说明，观察是教育研究的一种最基本的方法，它对于认识教育现象、收集第一手资料有着重要作用。

当然，观察研究也有一定的局限性，主要是研究者观察时受到一定的时间和空间的限制，因为研究者不可能在任何时刻、任何情况下都能对研究现象进行观察。此外，由于观察的样本数小以及观察得来的只是表面性的和感性的材料，观察结果很容易带有片面性、偶然性。例如，在考察学生学习汉语时是属于场独立型的学习者还是场依存型的学习者的时候，不能单看其上课的发言情况，也许上课不常发言的学生在课下却能积极主动地在真实语言环境中学习汉语，常常跟中国朋友聊天等。总之，观察法虽具有直接性和可靠性，但有时却具有表面性、片面性和偶然性，使用者应该特别注意这些情况。

第三节　调查法

一、调查法的定义和操作步骤

1. 定义

调查法一般是指研究者制订计划，明确调查对象和内容，通过亲身接触调查对象、充分掌握调查对象的相关资料，对资料进行分析、得出结论并指导以后教育实践活动的一种研究方法。

2. 操作步骤

调查法一般通过访问、发问卷、开调查会、测验等方式去收集相关材料。教育研究中的调查法的一般操作步骤如下：

（1）前期准备：选定调查对象，确定调查范围，了解调查对象的基本情况；研究有关理论和资料，拟订调查计划、表格、问卷、谈话提纲等，规划调查的程序和方法以及各种必要的安排。

（2）按计划进行调查活动：通过各种手段收集材料，必要时可根据实际情况的变化，对计划作相应的调整，以保证调查工作的正常开展。

（3）整理材料：包括对调查结果进行分类、统计、分析、综合，写出调查研究报告。

二、调查对象

教育学研究的对象主要是教育现象所涉及的人和事，主要包括学生、教师和家长等。

1. 学生

学生是教育调查研究的重点对象，对学生的调查主要包括学生的性别、年龄、族裔、学习动机、学习态度、学习兴趣、学习方法、对具体内容的学习、影响学生学习的因素等，从而了解学生的学习及生活情况，找出学生在学习及生活上存在的问题、困难以及造成这些问题与困难的原因等。

2. 教师

教师是教育调查研究的另一个重点对象，对教师的调查主要包括教师的性别、年龄、族裔、专业、学历、教学情况、生活情况、心理情况、科研情况、教师的公众形象、教师对学生的影响等。

3. 家长

家长对学生的影响是非常重要的。因此，在教育研究中，通过了解家长本人的学历、职业、兴趣爱好、家庭生活条件等，就可以从侧面了解学生平时的学习情况，如时间安排、学习方法、学习效果、课外阅读情况等。

三、调查的基本方法

教育科学研究的调查，主要有以下三种基本调查方法：

1. 测试法

测试法是了解教师教学水平最可靠的基本方法，测试的结果既是学生学习水平的反映，又是教师教学水平的鉴定，在某种程度上也是学校管理水平的体现。测试，可分为水平测试、功能测试、心理测试及操作技能测试等。教育调查研究中多采用水平测试，即对学习者的学习水平进行测试。在测试中，研究者应该根据正确的命题原则确定测试标准，选取合适的测试内容等，精心设计试卷。例如，在汉语教学中，研究者若要了解初级汉语班A班和B班学生的汉语阅读水平，就需要编写阅读测试试卷，让学生在同一时间进行考试，然后根据分数高低来评判两个班学生阅读水平的高低。

2. 问卷法

问卷法是用书面形式设计一套问卷或表格并让调查对象填写，以此间接搜集研究材料或听取意见的一种调查手段。[①] 调查的样本可以大到全国，也可以小到一个班级或一个小组。问卷的设计分为开放式问卷和封闭式问卷两种。开放式问卷相当于测试试卷上的主观题，要求被试对象通过语言表述自己的想法。比如，在了解学生对汉语教学的看法时，可以向学生询问："你希望教师用汉语还是用自己的母语进行汉语教学?"这种问卷可以获得更为广泛的资料，也可以发现一些问题。

封闭式问卷往往提供了可选择的答案，调查对象只需要在备选项里作出选择就可以。比如，研究者想了解留学生对中文书法课教学的看法，可以在调查问卷里设计这样的问题：

(1) 每周书法课的课时量（　　）。

A. 太多　B. 较多　C. 刚好　D. 较少　E. 太少

(2) 你认为上书法课对你的中文学习（　　）。

A. 非常有用　B. 比较有用　C. 有用　D. 基本没用　E. 没用

封闭式问卷有利于进行数量统计分析，可以普遍使用，但难以获得更加详尽的资料。

3. 访谈法

访谈法又叫谈话法或面谈法，是通过调查者与调查对象的谈话获得研究资料的一种方法。如，当调查者需要了解中文电视节目对第二语言背景或者外语背景下的汉语学习是否有帮助的时候，就可以找一些汉语学习者谈话，在谈话中询问他们对中文电视节目的看法，包括中文电视节目对其学习是否有利等。采用访谈法可以比较详尽、真实地了解调查对象的具体表现和有关细节，有利于深入研究问题。但是，访谈法要想取得较好的效果，要求调查者在进行访谈之前列出明确的访谈提纲，在访谈过程中能够创造适宜的谈话氛围，使调查对象愿意合作，认真诚实地回答问题，而且调查者的问语要简单易懂。

---

① 陶永明. 问卷调查法应用中的注意事项［J］. 理论前沿，2011（9）：305.

第四节　实验法

一、实验法的定义和操作步骤

1. 定义

实验法是指按照研究目的，有计划地严格控制或干预调查对象的发生、发展过程，从而进行分析研究的客观方法，又可以分为实验室实验法和自然实验法两大类型。实验室实验法是在实验室中进行的，所进行的实验需要创设一定的条件并利用专门的仪器和设备；自然实验法多是在自然环境下进行，对设备的要求也较低。由于实验室实验法与实际教育情境之间有着较大差距，操作也比较费时费力，所以在教育科学研究中我们更多采用的是自然实验法。①

2. 操作步骤

不同的实验法有着不同的操作方式和过程，但基本步骤都包括以下几点：

（1）制订实验计划：选择实验方法及组织形式，拟定实验计划。

（2）做好实验准备：创造实验条件，准备实验用具。实验进行前，根据实验目的，拟定测验题目，准备教具、仪器及记录表格，统一标准，拟定记录方法、符号等，设法控制实验因素，使重要因素不变或少变。

（3）进行实验：在实验过程中要作精确而详尽的记录，为了排除偶然性，可反复实验多次。

（4）处理实验结果：考虑各种因素的作用，慎重核对结论，力求排除偶然因素的作用。例如，对两个采取不同教学方式的平行班级进行实验，一个班级是采用常用的教学方法，一个班级是采用情景剧进行教学的方法，通过实验检测两个班的不同教学效果，这种研究方法就是自然实验法。

二、实验法的三大基本要素

实验法有三对基本要素②：自变量与因变量、前测与后测、实验组与控制组。

---

① 陈选善. 教育研究法［M］. 福州：福建教育出版社，2006：43－62.

② 徐红. 教育科学研究方法［M］. 武汉：华中科技大学出版社，2013：145－180.

1. 自变量与因变量

自变量是引起其他变量变化的变量。因变量是由于自变量发生变化而发生变化的变量。在实验研究中，自变量又称作实验刺激（experimental stimulus），而因变量则往往是我们研究所需要测量的变量。实验研究的中心目标是探讨变量之间的因果关系，其基本内容是考察自变量对因变量的影响，即某一个因素对我们需要考察的因素的影响。实验中的自变量通常都是二分变量，即它通常只有两个取值：有和无，即给予实验刺激或不给予实验刺激。

2. 前测与后测

在一项实验设计中，通常需要对因变量进行前后两次相同的测量。第一次在实验刺激进行之前，叫作前测。第二次在实验进行之后，叫作后测。研究者通过比较前测和后测的结果，来衡量因变量在给予实验刺激前后所发生的变化，反映实验刺激（自变量）对因变量所产生的影响。这种测量既可以是一次问卷调查，也可以是一项测验。

3. 实验组与控制组

实验组是我们所要研究的对象，也是接受实验刺激的那一组对象。即使是在最简单的实验设计中，也至少会有一个实验组。控制组也称为对照组，是在实验过程中并不给予实验刺激的一组对象，但其他各方面都与实验组相同，用于作为实验的对比和参考，以便显示研究对象如果不接受实验刺激，结果将会怎样。在实验研究过程中，研究者不仅观察接受刺激的实验组，也观察没有接受刺激的控制组，并通过比较两组实验结果，来分析和说明实验刺激的作用和影响。

三、实验研究的三个阶段

教育实验研究的过程可以分为准备、实施、总结三个基本阶段。

1. 教育实验的准备阶段

（1）选定实验研究的课题，形成研究假说；

（2）明确实验目的，确定指导实验的理论框架；

（3）确定实验的自变量；

（4）选择适合的测量工具并决定采取什么样的统计方法，从而明确评价因变量的指标；

（5）选择实验设计类型，确定控制无关因素的措施，以保证最大限度地提高实验的内部效度和外部效度。

2. 教育实验的实施阶段

（1）对实验对象进行编组，按实验要求确定实验组和对照组；

（2）对全体对象做实验前测，以了解他们的初始状态，也可作为分组的依据；

（3）按实验计划控制实验进程，特别是对实验自变量和无关变量的控制；

（4）记录实验中所获得的资料、数据等。

3. 教育实验的总结阶段

对实验中取得的资料数据进行处理分析，确定误差的范围，从而对研究假设的成立与否进行检验，最后得出科学结论。在实验结果分析的基础上，写出实验报告，作出分析和总结。

实验法在留学生汉语学习上的研究举例

研究课题——游戏教学对留学生学习汉语是否更有效果

研究的问题——考察游戏教学和传统教学方式对学生汉语学习成绩会产生哪些不同的效果。

假设——游戏教学更能激发学生的学习兴趣，促使学生学习成绩提高。

选择被试——选择水平相当的两个班级进行研究，A 班采用传统的教法进行教学，B 班采用游戏教学的新教学法。

实验过程——A 班采取传统的教学方法，先教生词，再讲课文，同时学习语法等知识，以教师讲授为主，辅以学生操练；B 班改变传统教学的模式，学生所学内容都以游戏的方式呈现，比如把课文设置成角色扮演，或者通过把需要学习的知识设计成一个节目让学生进行表演，制作卡片让学生进行问答接龙等方式，让学生在游戏中学习一些汉语词汇和句子。

实验结果分析——为期两个月的实验结束后，对两个班的学生进行一次汉语水平测试，包括试卷测试和口语测试两部分，并比较这两个班的测试成绩，从而发现游戏教学法的效果是否更好，更有利于学生的汉语学习。

四、实验法的优缺点

1. 优点

实验法是以控制变量为手段，以揭示变量之间的因果关系为目的的研究方法，这是它区别于其他研究方法的根本特点和优势。①

（1）可主动设置条件。即可以通过控制实验对象，操纵研究变量，控制无关变量，使自变量对因变量的影响最大化，无关变量对因变量的影响最小化，因而得到最好的效果，从而扩大了研究范围。

（2）可重复验证。即实验的结果可以在相同的实验条件下重复检验。

（3）可分别考察各个因素的作用。即在实验中，控制其他变量，从而更容易观察某个因子的效果。

（4）结果可靠。实验法是在真实实验条件下进行的，用数据说明问题，结果可信度高。

2．缺点

（1）实验研究通常适用于自变量数目较少且清晰、可以分解并加以操作的问题，而教育活动本身往往包含着多个变量和复杂的相互关系。

（2）教育研究涉及的价值判断将对实验的客观性产生积极或消极影响。

（3）测量工具的限制，现有测量工具难以描绘教育情境中的复杂行为。

第五节 文献法

一、文献法的定义和实施程序

（一）定义

文献法是指搜集有关档案、个人的日记、笔记、传记、报刊、会议记录、公开出版的书籍刊物等资料并对其加以分析、比较、综合，进而进行研究并得出结论的研究方法。研究者在阅读大量文献的基础上，通过对文献的整理和分析了解现在已有的研究成果，弄清自己所要研究的课题的研究背景、研究价值以及研究的切入点和创新处。掌握文献研究方法，对提高教育科研水平具有重要的作用和意义。

（二）实施程序

实施文献法一般有三个步骤：

1．收集与阅读文献

实施文献法的第一步是收集与研究问题有关的文献，如图书、文件和原始记录

---

① 温忠麟．教育研究方法基础［M］．2版．北京：高等教育出版社，2009：157－182．

等，然后从中选择重要的和确实可用的材料进行阅读。

2. 整理文献

实施文献法的第二步是在详细阅读有关文献的同时，边读边做好摘录、边列研究大纲，并根据大纲将所摘录的材料分条组织进去。

3. 撰写文献综述

实施文献法的第三步是分析研究材料并写成文献综述。在文献综述的基础上，研究者明确自己的研究内容以及创新之处。

使用这一方法需注意：查阅文献之前，要有与研究问题有关的知识准备，否则难于从材料的分析中得出比较合理的结论。

二、教育文献的来源与搜集

教育文献的来源多种多样，常见的有书籍、报刊、互联网等。文献的搜集主要通过购买书报杂志、图书馆、资料室、档案馆、博物馆、展览馆及各种学术会议、座谈会等途径进行。搜集文献资料的方法有很多，一般有查找法、阅读法、笔记法和复印法几种。①

1. 查找法

查找法的方式主要有利用计算机网络查找有关资料，或者利用某一论文或专著后面所附参考文献追溯查找，也可以利用检索工具进行查找。

2. 阅读法

阅读法是根据不同阅读内容和目的，对相关资料和信息进行阅读，采用浏览、通读、精读等不同阅读方式找到所需要的文献内容。

3. 笔记法

在阅读文献的过程中，通过写批语、做记号、摘录或者文献综述等方式对文献进行搜集和分析。

4. 复印法

有选择地复印相关文献资料并对其进行整理和归类装订。需要注意的是，对复印资料要详细注明出处。

① 陈选善. 教育研究法［M］. 福州：福建教育出版社，2006：122－126.

三、文献的分析和综合

文献的分析和综合主要是研究者对自己掌握的文献进行有目的、有针对性的创新加工，通过加工形成对事实本身的客观认识。文献的分析包括外部分析和内部分析两大类。

（一）文献的外部分析

外部分析是指分析文献本身的历史来源及文献出现的情况等。外部分析应该注意文献的类型和形式，文献的作者和发起者，文献的前因后果及建立文献的目的，文献的可信度和可靠性，文献的意义作用及他人对文献的评价。如果忽视外部分析，研究者很可能会对文献内容作出不正确的评价。

（二）文献的内部分析

内部分析是指分析文献本身的内容结构和思想意义。内部分析的基础是必须要对文献的内容有全面科学的了解，如文献所描述的事实和作者对这些事实的态度等。

文献法在汉语教学研究上的应用举例

1．教材研究

文献法经常用于教材研究。研究者可以就教材的任何方面，如内容、数量、教材评估、基础理论研究对教材编写的指导作用等对教材进行研究。

2．常用字的研究

常用字主要是指人们生活中常用的字。针对汉语学习，研究者可以利用汉语常用字字表对留学生进行汉字教学，在教学中总结留学生常出错、易混淆、误记等不同类型的汉字，并对其进行统计，分析留学生在常用字学习上出现这些问题的原因，从而为他们的学习和教师教学提供参考。

3．偏误分析

对学生出现的错误或偏误进行分析也是文献分析法的一个重要方面。学界利用自己收集的语料或者语料库对留学生在说和写汉语时常出现的偏误进行的分析也属于这一类。如研究者利用自己在教学中收集的材料，统计学生在“了”字使用上的偏误情况并进行分类分析，分析出使用的偏误类型并总结原因，给出教学、学习等方面的启示。①

① 王艺文．韩国留学生习得“了”的偏误调查研究［J］．海外华文教育，2015（2）：344－350.

4. 基础理论研究

从教育学上看，基础理论研究包括课堂教学所应该坚持的理念研究、课程改革理论研究、中外教学研究等。从心理学上看，基础理论研究包括教育对象的具体心理分析及研究、教育者的心理研究、社会教育心理分析及研究等，如学习动机研究、学习兴趣研究、学习态度研究、学习方法研究、学习策略研究、影响学生学习效果的因素研究、教师心理研究等。

第六节　个案研究法

一、个案研究法的定义

个案研究法是指把某个人、某个团体、某个机构以及某个事件作为一个整体，并对其进行详细描述与分析的研究方法。① 个案研究常常同调查研究相结合进行，通过对某个个体或群体进行一定的跟踪调查，并对调查资料进行分析，以找出该个案的特征。个案研究法在教育研究领域应用也比较广泛，它可以有效揭示典型的、特殊的教育现象或研究对象的特点，有利于因材施教，从而指导特殊群体的教育方向，为教育科学理论的发展提供例证。

二、个案研究的对象

教育科学研究中的个案研究对象一般包括个人个案和群体个案两种，具体如下：

1. 个人个案

个人个案研究是指针对一个独立个体对象进行的研究，该个体可以是学生个人，也可以是教师个人等。其中，对学生个案的研究是最基本的研究。学生个案的研究，包括对不同学生、同一学生学习中的不同方面、水平和层次的研究等。例如，从学习成绩来看，要有对优秀的、一般的、落后的等不同类型的个案研究；从性别来看，既要有对男生的个案研究，也要有对女生的个案研究；从年龄来看，既要有对年龄较长的学生的研究，也应有对年龄较低的学生的研究；从学生学习层次来看，既要有对初学者的研究，也要有对程度较高的学习者的研究。

---

① 该定义融合了董菊初的《语文教育研究方法学》及陈选善的《教育研究法》的定义和观点。

2. 群体个案

教育学中的群体个案研究主要指对课内外学习组织及相关环境的研究，如班级、学习小组、家庭环境和学校等。如通过对学生课外兴趣小组的个案追踪，寻找教育的灵感和新渠道，以突破以教师为中心、课堂为中心的教学体系；再如，通过对学生家庭的成员构成、成员文化程度及职业等的研究分析，以观察其对学生学习的影响。

三、个案研究的实施过程

（一）确定研究对象

在进行个案研究时，研究者应根据研究的目的和内容，确定在某一方面具有典型意义的人和事作为研究对象，同时考虑选题的价值和可行性，特别需要注意的是要提前确定所选对象是否愿意配合研究以及研究时间、环境等是否有限制。

（二）收集个案资料

在确定研究对象之后，研究者便要开始全面系统地收集与之相关的一切资料，这是个案研究有效性的重要保证。个案资料通常包括以下几个方面的内容：

1. 个人资料

个人资料包括个人社会统计资料，如姓名、性别、年龄、出生日期、籍贯等；个人身心健康状况资料，如身高、体重、病史、气质、性格等。

2. 学业资料

学业资料包括历年来的学习手册、在校情况登记表、成绩记录、作业、日记、周记等常规资料，也包括能力、兴趣、特长、智商等测验结果资料；还包括操行评语、奖惩情况、教师和同学的评价等资料。

3. 家庭和社会背景资料

家庭和社会背景资料包括父母的年龄、性格、职业、文化程度，父母对子女的教养方式、态度，家庭氛围，经济状况，其所在社区的情况等。

（三）分析并整理资料

1. 对个案资料的分析

对资料进行分析就是找出个案间存在的因果联系。具体可从以下角度分析：

（1）从主观上分析学生内在的动机，如世界观、人生观、价值观与行为及其结果的联系。

（2）从客观上分析学生的教育背景、所处的社会环境、所受的家庭教育等与学生的生理、心理特点以及成长和发展存在哪些适应或不适应的地方，并找出这些适应或不适应的关键所在。

(3) 对导致个案行为结果的各种现象的形成和发展过程进行分析，了解影响个案的各种因素。

2. 对个案资料的整理

一般可以采用表格的形式对个案资料进行整理，如下表便是某一个案研究的学生个人资料表。

<table>
<tr><td>编号</td><td></td><td>填表日期</td><td colspan="3"></td><td rowspan="4">个人照片</td></tr>
<tr><td>姓名</td><td></td><td>性别</td><td></td><td>年龄</td><td></td></tr>
<tr><td colspan="6">学校资料</td></tr>
<tr><td>班级</td><td></td><td>班主任</td><td></td><td>性格</td><td></td></tr>
<tr><td>成绩情况</td><td></td><td>身体状况</td><td colspan="4"></td></tr>
<tr><td>特长爱好</td><td></td><td>师生关系</td><td colspan="4"></td></tr>
<tr><td colspan="7">家庭资料</td></tr>
<tr><td>家庭住址</td><td></td><td>联系方式</td><td></td><td>亲子关系</td><td colspan="2"></td></tr>
<tr><td>教育方式</td><td></td><td>经济状况</td><td></td><td>社区环境</td><td colspan="2"></td></tr>
<tr><td>备注</td><td colspan="6"></td></tr>
<tr><td colspan="7">研究的主要问题及考察记录</td></tr>
<tr><td>主要
问题</td><td colspan="6"></td></tr>
<tr><td>考察
内容
概况</td><td colspan="6"></td></tr>
</table>

(四) 个案的发展指导

个案的发展指导是指在对资料进行整理、分析的基础上，设计一套因材施教的方案，并加以实施。对个案的发展指导可从两个方面进行：首先是对学生自身内在的因素加以矫正，以便与社会环境的要求相适应；其次是改善外部条件，使之适应学生发展的需要。

（五）追踪研究

在追踪研究中，对观察和研究的目标要持之以恒，但具体措施方案并不是一成不变的，要随着个案的发展变化、教育和环境的变化而不断修订。只有这样，经过长期反复追踪研究，才能收集和积累较为系统全面的资料。

（六）撰写个案研究报告

个案研究报告是个案研究成果的重要表现方式，是个案研究过程中必不可少的一环。通过个案研究报告可以了解个案的基本情况及处理的过程。

四、个案研究法的优缺点

个案研究作为教育科学研究的重要方法，本身具有重要意义。个案研究利用教学实践，认识了一个个具体的个体，是一个从理论走向实践的典型。认识是一个从个别到一般的过程，个案研究通过认识个案的内部因素及相互关系，从而对整个现状有一定的把握。这有利于教育理论的发展，也有利于教育科学规律的探索。

但是在个案研究中，典型个案的选择往往会受到研究者主观因素的干扰，因而不好把握；典型个案的典型性和代表性也只具有相对的含义，此时此地的典型换到彼时彼地就不一定是典型了。此外，个案研究考察的毕竟只是同类事物的局部，其研究结果富有代表意义但绝不能代表全部，所以不能轻率地将结论推广到整体。

第七节　比较法

一、比较法的定义

教育科学中的比较研究法是对某类教育现象在不同时期、不同地点、不同情况下的不同表现进行比较分析，以揭示教育的普遍规律及其特殊表现，从而得出符合客观实际的结论的研究法。采用比较法，要考虑三个要素：一是比较范围，必须是两者及两者以上的比较；二是可比度，比较的事物必须具有相同的基础，又有着不同的特征；三是比较内容和结果，可以是事物的异同程度或者差异关系。

二、比较法的分类

由于事物的性质、类别与事物之间的联系是多种多样的，所以从不同角度看，比较法有着不同的分类，主要有以下几种。①

（一）横向比较和纵向比较

1. 横向比较

横向比较是指研究者对同一时间存在的教育现象进行对比研究，分析不同现象的异同点，并找出彼此之间的关系和影响。例如，对汉语和留学生母语进行对比研究；对不同教材进行横向对比的研究；对不同学校的教学情况进行比较研究等。

2. 纵向比较

纵向比较是指对同一事物在不同时期的历史发展状况进行比较研究，让人们看到事物的历史演进过程，从而揭示其发展变化规律，以此提高人们对事物当前状况必然性的理解。比如，对20世纪以来所编的留学生中文教材进行纵向研究等。

（二）同类比较和异类比较

1. 同类比较

同类比较是比较两种或两种以上同类事物，通过鉴别其异同来认识事物发生、发展的特殊性和该类事物的共同规律，又叫“同中求异”。例如，我们可以调查东南亚地区与欧美地区的学生学习汉语时在听、说、读、写四大方面有何异同点。

2. 异类比较

异类比较是通过对两种或两种以上性质相反的事物或一个事物的正反两方面进行比较，揭示它们在不同表征下的异同之处，又叫“异中求同”。由于异类比较研究的对象反差大，结论鲜明，往往能发现新问题、揭示新规律。例如，可以就男女学生学习汉语的动机和兴趣展开调查研究，作出对比分析，发现有何异同，并把这些异同与学生学习成绩和表现等联系起来进行分析。这一调查为因材施教提供了依据。

（三）单项比较和综合比较

1. 单项比较

单项比较是指就众多比较范围中的一个侧面、一个问题、一个特点等进行比较，从而展开更为具体的分析研究，以加深对某一专题的深入认识。例如，在中文教学中，考察英国学生和日本学生在听力学习上的不同便是一项单项比较研究。

---

① 刘英，李洁，宋霞. 教育科学研究方法［M］. 北京：中国工商出版社，2013.

2. 综合比较

综合比较是就一定比较范围内的若干比较点进行的综合的多方面的比较。事物本身是多样性的，单项比较很多时候往往不足以认识事物的完整性和复杂性。因此，综合比较法是教育科学研究中使用比较广泛的方法。例如，在考察成人和儿童学习第二语言的效果时，可以对其年龄、性格、认知等不同方面进行具体的比较，这样就能对成人与儿童习得语言的不同情况有一个比较全面而具体的综合认识。

尽管我们对比较研究的方法进行了分类，但实际上，各种研究方法相互渗透，具有内在的联系性，难以截然分开，研究者应注意将各种方法巧妙地综合运用，以便使研究结果更具说服力。

三、比较法的应用步骤

科学地运用比较法，要按照一定的操作程序进行，一个完整的比较研究过程，大体有以下几步。

1. 确定比较的问题

比较研究首先要明确比较什么，这是比较的前提。这一环节包括以下细节：

（1）选定比较的主题。例如，“英国学生和日本学生汉语学习异同比较”“学习动机对学习成绩的不同影响”等。

（2）确定比较的内容。也就是确定比较的项目。比如，比较不同国家学生汉语学习的差异，可以从不同课程学习成绩的差异、课堂表现的不同等方面进行对比分析。

（3）确定比较的范围。要明确是班级内部的比较、学校内部的比较还是跨校、跨地区甚至是跨国家的比较。

2. 制定比较的标准

没有标准就无法进行比较。比较的标准可据实际情况制定，但要明确、具体、具有可操作性。例如，对不同国家的汉语学习情况进行对比分析时，可以只选择其口语水平进行比较，可以通过口语测试成绩看其学习差异，还可以结合课堂活跃度来作出总体判断。

3. 搜集资料并加以分类、解释

首先，要通过各种途径尽可能多地收集各种相关的资料，并对资料进行鉴别，保证资料的权威性和客观性。然后按比较的指标对各种资料进行归类。最后对这些归类好的资料作出解释，为下一步的比较分析奠定基础。

4. 比较分析

这是比较研究最重要的一步，在这个阶段要对收集到的材料按一定的标准逐项进行比较，并分析其之所以产生差异的原因，而且要尽可能地进行评价。比较时应以客观事实为基础，对所有的材料进行全面的、客观的分析。

5. 结论

通过对材料的分析比较得出结论，并对所得的结论进行理论和实践的论证。

思考与作业

1. 教育研究中常用的研究方法有哪些？
2. 实验法与调查法的区别是什么？
3. 实验法中的三大基本要素是什么？
4. 调查研究中常用的调查方法有哪些？
5. 谈谈个案研究方法的优缺点。

反思与探究

以小组为单位，结合实际确定某个研究主题，利用本章学到的相关研究方法进行研究，写出研究报告。以下研究主题可供参考：

1. 有关师生关系的研究；
2. 有关教师素质的研究；
3. 有关学校教育与家庭教育关系的研究；
4. 有关学生学习情况的研究；
5. 有关学生课余生活的研究；
6. 有关教师及学生心理素质的研究；
7. 有关课堂教学的研究；
8. 有关大学生研究能力的研究。

拓展阅读

1. 郑金洲．改革开放30年的教育学研究［J］．教育研究，2009（3）：26－36.

该论文对中国近30年来的教育学研究状况进行了比较全面的总结，并指出了教育学研究的新趋势。其中对教育学的理论基础、研究方法、教材、分支学科等介绍得非常详细。

2. 瓦·阿·苏霍姆林斯基．给教师的建议：修订本全一册［M］．杜殿坤，编译．2版．北京：教育科学出版社，1984：498.

这部分内容介绍了教师苏霍姆林斯基对一些学习有障碍的学生所进行的调查研究。通过对这些内容的阅读和思考，我们可以了解教育科学研究的过程是怎么样的。

参考文献

1. 张人杰. 国外教育社会学基本文选［C］. 上海：华东师范大学出版社，1989.

2. 夸美纽斯. 大教学论［M］. 傅任敢，译. 北京：人民教育出版社，1984.

3. 伯登. 成功地经营你的班级［M］. 3 版. 张艳华，译. 北京：中国轻工业出版社，2006.

4. B. S. 布卢姆，等. 教育目标分类学：第一分册：认知领域［M］. 罗黎辉，等译. 上海：华东师范大学出版社，1986.

5. 默顿. 论理论社会学［M］. 何兴凡，等译. 北京：华夏出版社，1990.

6. 舒尔茨. 教育的经济价值［M］. 曹延亭，译. 长春：吉林人民出版社，1982.

7. 瓦·阿·苏霍姆林斯基. 给教师的建议：修订本全一册［M］. 杜殿坤，编译. 2 版. 北京：教育科学出版社，1984.

8. 肖川，胡乐乐. "教育"概念的词源考古与现代研究［J］. 大学教育科学，2010（3）.

9. 张人杰. 大教育学［M］. 广州：广东高等教育出版社，2003.

10. 胡森，袁军. 国际教育百科全书：第三卷（D－E）［M］. 贵阳：贵州教育出版社，1990.

11. 卜玉华. 20 世纪下半叶以来美国班级管理理念的发展趋势分析［J］. 集美大学学报，2004（2）.

12. 岑国桢. 行为矫正：原理、方法与应用［M］. 上海：上海教育出版社，2013.

13. 陈桂生. 变化中的"课程"概念［J］. 江苏教育学院学报（社会科学版），2007（3）.

14. 陈桂生. 学校教育原理［M］. 长沙：湖南教育出版社，2000.

15. 陈国明. 跨文化适应理论建构［J］. 学术研究，2012（1）.

16. 陈向明. 对教师实践性知识构成要素的探讨［J］. 教育研究，2009（10）.

17. 陈选善. 教育研究法［M］. 福州：福建教育出版社，2006.

18. 谌启标，等. 班级管理与班主任工作［M］. 福州：福建教育出版社，2007.

19. 崔丽莹. 心理素质教育论［M］. 广州：广东教育出版社，2002.

20. 戴宝云. 新课程小学语文实用教学 90 法［M］. 广州：广东教育出版社，2004.

21. 窦桂梅. 做有专业尊严的教师［M］. 桂林：漓江出版社，2015.

22. 冯慧，沈逸. 中美小学班级管理比较研究——以第 56 号教室为例［J］. 外国中小学教育，2015（11）.

23. 冯文全. 现代教育学新论［M］. 成都：电子科技大学出版社，2007.

24. 郭洋波，秦玉峰. 教育学［M］. 北京：人民出版社，2013.

25. 韩仁生，苗军芙，李传银. 教育心理学［M］. 济南：山东人民出版社，2013.

26. 何克抗，李文光. 教育技术学［M］. 北京：北京师范大学出版社，2002.

27. 赫尔巴特. 普通教育学·教育学讲授纲要［M］. 李其龙，译. 杭州：浙江教育出版社，2002.

28. 恒平，张和平. 班主任工作精要［M］. 太原：山西科学技术出版社，2011.

29. 洪宝书. 教育本质与规律［M］. 成都：成都科技大学出版社，1992.

30. 胡明根，丁明标. 班主任工作案例分析［M］. 北京：科学普及出版社，2007.

31. 胡振京. 教育负向功能观的社会学分析［J］. 教育学报，2005（4）.

32. 扈中平，李方，张俊洪. 现代教育学［M］. 2 版. 北京：高等教育出版社，2005.

33. 华东师范大学教育系，杭州大学教育学. 西方古代教育论著选［C］. 北京：人民教育出版社，1985.

34. 黄甫全. 关于教学、课程等几个术语含义的中外比较辨析［J］. 课程·教材·教法，1993（7）.

35. 黄甫全. 现代课程与教学论学程［M］. 北京：人民教育出版社，2006.

36. 黄甫全. 现代课程与教学论［M］. 3 版. 北京：人民教育出版社，2014.

37. 黄杰. 美国教师的班级管理经［J］. 教育理论与实践，2008（9）.

38. 帕深思，莫顿，等. 现代社会学结构功能论选读［M］. 黄瑞祺，编译. 台北：巨流图书公司，1984.

39. 教师招聘考试研究中心. 教育理论综合［M］. 福州：福建教育出版社，2012.

40. 徐长江，宋秋前. 班级管理实务［M］. 北京：高等教育出版社，2010.
41. 金宜久. 宗教在当代社会的蜕变［J］. 世界宗教研究，2002（2）.
42. 靳玉乐. 教育概论［M］. 重庆：重庆出版社，2006.
43. 靳玉乐. 校本课程的实施：经验、问题与对策［J］. 教育研究，2001（9）.
44. 琚金民. 从十三年“孔乙己续写”看学生作文变迁［J］. 上海教育科研，2009（5）.
45. 雷通群. 西洋教育通史［M］. 长春：吉林人民出版社，2013.
46. 黎琼锋. 从规约到自律：教师专业道德的建构［J］. 教育发展研究，2007（1A）.
47. 李柏令. 建构主义学习理论与对外汉语教学［J］. 云南师范大学学报，2003（9）.
48. 李春红. 汉语传播新视域：理论探微及词汇认知与习得［M］. 广州：世界图书出版广东有限公司，2013.
49. 李定仁，徐继存. 教学论研究二十年［M］. 北京：人民教育出版社，2001.
50. 杨小微. 教育研究的原理与方法. 上海：华东师范大学出版社，2002.
51. 李佳. 教师礼仪与文化修养［M］. 上海：上海交通大学出版社，2016.
52. 李如密. 教学艺术论［M］. 济南：山东教育出版社，1995.
53. 联合国教科文组织国际教育发展委员会. 学会生存：教育世界的今天和明天［M］. 华东师范大学比较教育研究所，译. 北京：教育科学出版社，1996.
54. 廖静瑜. 怎样开展学校心理健康教育活动［M］. 上海：上海科技教育出版社，2016.
55. 廖哲勋. 关于校本课程开发的埋论思考［J］. 课程·教材·教法，2004（8）.
56. 刘根平，黄松鹤. 潜课程论［M］. 沈阳：辽宁教育出版社，1992.
57. 刘庆昌. 教育学的基本追求［J］. 山西大学学报（哲学社会科学版），2014（2）.
58. 刘晓陵，金瑜，林云祖. 中学生心理素质调查表的编制［J］. 上海教育科研，1998（2）.
59. 刘新民，余亮. 管理心理学［M］. 合肥：中国科学技术大学出版社，2014.
60. 刘以林. 学生心理素质的优化与调控［M］. 北京：华语教学出版社，1996.
61. 刘英，李洁，宋霞. 教育科学研究方法［M］. 北京：中国工商出版社，2013.
62. 陆有铨. 躁动的百年：20 世纪的教育历程［M］. 北京：北京大学出版

社，2012.

63. 吕可风. 话题讨论法在对外汉语教学中的运用［J］. 杭州大学学报，1996（12）.

64. 马翠玲. 浅谈个别差异对汉语学习的影响［J］. 语言与翻译，2001（2）.

65. 马笑霞. 对现代教师素质的思考［J］. 教育理论与实践，2004（7）.

66. 欧阳周，黄柏青. 艺术导论［M］. 长沙：中南大学出版社，2008.

67. 彭聃龄. 普通心理学［M］. 4版. 北京：北京师范大学出版社，2012.

68. 桑新民. 呼唤新世纪的教育哲学［M］. 北京：教育科学出版社，1993.

69. 施良方. 课程理论：课程的基础、原理和问题［M］. 北京：教育科学出版社，1996.

70. 石岩. 高等教育心理学［M］. 太原：山西人民出版社，2014.

71. 史小力. 新编教育学［M］. 南昌：江西高校出版社，2009.

72. 孙瑞雪. 捕捉儿童敏感期［M］. 北京：中国妇女出版社，2010.

73. 唐清安，等. 网络课程的设计与实践［M］. 北京：人民邮电出版社，2003.

74. 唐燕儿. 华文教育心理学［M］. 广州：广东高等教育出版社，2011.

75. 陶永明. 问卷调查法应用中的注意事项［J］. 理论前沿，2011（9）.

76. 田恒平，张和平. 班主任工作精要［M］. 太原：山西科学技术出版社，2011.

77. 王丑. 论建构主义理论在对外汉语教学中的启示［J］. 语文学刊（外语教研版），2005（5）.

78. 王凤玉，单中惠. 试论20世纪西方课程论的心理学走向［J］. 教育研究，2008（5）.

79. 王桂平，等. 国外关于课堂纪律问题的研究述评［J］. 外国教育研究，2005（6）.

80. 王极盛. 中学生创新心理素质与心理健康的相关研究［J］. 心理科学，2002（5）.

81. 王敬东. 教学法辞典［M］. 济南：山东教育出版社，1992.

82. 王维臣. 现代教学：理论和实践［M］. 上海：上海教育出版社，2012.

83. 王侠. 西方多元文化教育理论的阐释［D］. 北京：中央民族大学，2005.

84. 王艳玲. 教师应该具备哪些知识——近20年来美国教学“知识基础”研究述评［J］. 外国中小学教育，2009（8）.

85. 王艺文. 韩国留学生习得“了”的偏误调查研究［J］. 海外华文教育，2015（2）.

86. 王卓，杨建云. 教师专业素质内涵新诠释 [J]. 教学科学，2004 (5).
87. 魏薇，等. 中外教育经典案例评析 [M]. 济南：山东人民出版社，2005.
88. 温忠麟. 教育研究方法基础 [M]. 2 版. 北京：高等教育出版社，2009.
89. 吴刚平. 课程资源的理论构想 [J]. 教育研究，2001 (9).
90. 吴旋州. 班级管理学 [M]. 西安：陕西人民出版社，1997.
91. 武法提. 论网络课程及其开发 [J]. 开放教育研究，2006 (1).
92. 夏凤琴，姜淑梅. 教育心理学 [M]. 北京：清华大学出版社，2015.
93. 夏明菊. 华裔学生汉语学习动机分析 [J]. 乌鲁木齐成人教育学院学报，2003 (4).
94. 谢安邦. 教师素质的范畴和结构探析 [J]. 教师教育研究，2007 (3).
95. 赵中建. 教师专业素质举隅 [J]. 全球教育展望，2001 (7).
96. 心理学百科全书编委会. 心理学百科全书 [M]. 杭州：浙江教育出版社，1995.
97. 邢利红. 当前高中生对教师素质需求调查分析 [J]. 中国教育学刊，2011 (9).
98. 熊华生. 班主任工作教程 [M]. 武汉：华中科技大学出版社，2013.
99. 徐光兴. 学校心理学：心理辅导与咨询 [M]. 上海：华东师范大学出版社，2000.
100. 徐红. 教育科学研究方法 [M]. 武汉：华中科技大学出版社，2013.
101. 徐楠. 智能因素在第二语言学习中的作用和意义 [J]. 考试周刊，2008 (8).
102. 徐玉珍. 是校本的课程开发，还是校本课程的开发——校本课程开发概念再解读 [J]. 课程·教材·教法，2005 (4).
103. 许明. 美国关于教师素质的新界定 [J]. 教育评论，2002 (1).
104. 薛国凤，王亚晖. 当代西方建构主义教学理论评析 [J]. 高等教育研究，2003 (1).
105. 艾兴. 建构主义课程研究 [D]. 重庆：西南大学，2007.
106. 严建雯，等. 国外青少年学生心理健康咨询服务现状与问题 [J]. 教育发展研究，2007 (12).
107. 阎乃胜，金林祥. 当代西方人本主义课程观对我国高校课改的启示 [J]. 现代大学教育，2010 (2).
108. 燕国材. 素质教育问题研究 [J]. 江西教育科研，1996 (6).
109. 杨光辉. 教育学概论 [M]. 延吉：延边大学出版社，2000.
110. 杨建峰. 世界上最有趣最有用的心理学定律 [M]. 汕头：汕头大学出版

社，2015.

111. 杨秀君. 心理素质训练［M］. 上海：上海交通大学出版社，2010.

112. 叶澜. 教育概论［M］. 北京：人民教育出版社，1999.

113. 叶瑞祥，沈晓良. 教育学［M］. 广州：广东高等教育出版社，2000.

114. 章荣庆，吕福松. 教育学［M］. 武汉：武汉大学出版社，2003.

115. 张乐天. 教育学［M］. 2版. 北京：高等教育出版社，2012.

116. 叶奕乾，何存道，梁宁建. 普通心理学［M］. 4版. 上海：华东师范大学出版社，2010.

117. 余文森. 教授法及其改革［J］. 中小学教学研究，2001（2）.

118. 伊焱. 论发展中国家教育的负功能［J］. 江西教育科研，2000（7）.

119. 尹伟. 领导方式理论及其对班级管理的启示［J］. 天津市教科院学报，2009（1）.

120. 俞国良，王勍. 比较视野中青少年心理健康教育与服务的发展路径［J］. 中国人民大学教育学刊，2015（2）.

121. 袁锐锷. 外国教育史新编［M］. 广州：广东高等教育出版社，2006.

122. 张大均. 论人的心理素质［J］. 心理与行为研究，2003（2）.

123. 张大均. 学校心理素质教育概论［M］. 重庆：西南师范大学出版社，2004.

124. 张光丽. 教育本质新论［M］. 呼和浩特：远方出版社，2005.

125. 张华. 教师角色的校正与开掘［J］. 四川师范大学学报（社会科学版），2008（5）.

126. 张景凤. 对外汉语发现式语法教学的教案设计——以初级“时量补语”教学为例［D］. 广州：中山大学，2013.

127. 张军，杨三成. 中学教育理论基础［M］. 北京：首都师范大学出版社，2009.

128. 张履祥. 论心理素质教育课程的建构［J］. 心理科学，2000（5）.

129. 张仁贤，徐红梅. 教师的体态语言［M］. 北京：世界知识出版社，2016.

130. 张云霞. 教育功能的社会学研究［M］. 武汉：武汉大学出版社，2011.

131. 张忠华. 教育学原理［M］. 北京：世界图书北京出版公司，2012.

132. 章光洁. 多元文化社会中的教师角色及其对教师教育的启示［J］. 西南师范大学学报（人文社会科学版），2002（11）.

133. 赵应文，胡乐炜. 精编组织行为学［M］. 2版. 武汉：武汉理工大学出版

社，2013.

134. 郑殿华，李保华. 西方文明的摇篮：古巴比伦［M］. 北京：新世界出版社，2012.

135. 郑航. 班级管理与学生指导［M］. 北京：北京师范大学出版社，2011.

136. 郑金洲. 改革开放30年的教育学研究［J］. 教育研究，2009（3）.

137. 中国大百科全书出版社编辑部. 中国大百科全书：教育［M］. 北京：中国大百科全书出版社，1985.

138. 钟启泉. 班级管理论［M］. 上海：上海教育出版社，2001.

139. 周婷. 来华留学生心理适应问题研究［J］. 中南林业科技大学学报（社会科学版），2010（5）.

140. 周耀威，王伯康. 教师角色新论［J］. 教育发展研究，2002（4）.

141. 郑金洲. 教师角色的新定位［J］. 江苏教育研究（理论版），2008（3）.

142. 周治金. 论大学生心理素质结构［J］. 高等教育研究，2003（3）.

143. 朱建国. 看完就用的超凡记忆术：一本书让你成为记忆最好的人［M］. 北京：中国华侨出版社，2015.

144. 朱小蔓. 情感德育论［M］. 北京：人民教育出版社，2005.

145. BRUCE T，DAVID M. Educational psychology［M］. Belmont，California：Monetti Wadsworth Publishing Co. Inc.，2010.

146. BRUNER J S. The process of education［M］. Cambridge，MA：Harvard University Press，2009.

147. JOHN W B. Immigration，acculturation，and adaptation［J］. Applied psychology，2008（1）.

148. JONASSEN D. Evaluating constructivist learning［J］. Educational technology，1991，36（9）.

149. RICHARDS J C，PLATT J，WEBER H. Longman dictionary of applied linguistics［M］. London：Longman，1985.

150. The Editors of Encyclopædia Britannica. Encyclopædia Britannica：Johann Friedrich Herbart［EB/OL］.（2014－07－28）. https：//www.britannica.com/biography/Johann－Friedrich－Herbart.

151. HUNTER W S. General psychology［M］. Charleston，SC：Nabu Press，2010.